青少年
综合素质培养课

青少年

品 质
培养课

性格

杜兴东 编著

全球经典的品质培养成长书系之一

你的人生第一课

北京出版集团
北京出版社

图书在版编目（CIP）数据

青少年品质培养课．性格／杜兴东编著．— 北京：
北京出版社，2014.1
（青少年综合素质培养课）
ISBN 978 - 7 - 200 - 10284 - 0

Ⅰ．①青… Ⅱ．①杜… Ⅲ．①青少年教育—品德教育
Ⅳ．①D432.62

中国版本图书馆 CIP 数据核字（2013）第 282809 号

青少年综合素质培养课
青少年品质培养课　性格
QING-SHAONIAN PINZHI PEIYANGKE　XINGGE
杜兴东　编著
*
北 京 出 版 集 团
北 京 出 版 社　出版
（北京北三环中路 6 号）
邮政编码：100120
网　　址：www．bph．com．cn
北 京 出 版 集 团 总 发 行
新 华 书 店 经 销
三河市同力彩印有限公司印刷
*
787 毫米×1092 毫米　16 开本　12 印张　170 千字
2014 年 1 月第 1 版　2023 年 2 月第 4 次印刷
ISBN 978 - 7 - 200 - 10284 - 0
定价：32.00 元
如有印装质量问题，由本社负责调换
质量监督电话：010 - 58572393
责任编辑电话：010 - 58572303

前言　良好的性格是人生一笔巨大的财富

　　由于一个人的命运是由他的性格所决定的，因此，良好的性格势必对我们能力的发挥，对我们的生活、学习、事业、爱情及人际关系都起到积极的正面影响，而良好的性格本身也可以说就是人生一笔巨大的财富。

　　公元前 5 世纪初，雅典西南的洛里安姆矿场开采出一条价值连城的优质银矿脉，而且，在极短的时间之内，这个新矿层就产出了好几吨纯银。

　　正因为有了这个在洛里安姆矿场意外发现的"世界宝藏金银之泉"，雅典才一跃成为地中海东部的海上霸主和希腊世界的领袖。不久，雅典还成为古典时期知识荟萃、艺术生辉的中心。一个宝藏的开掘改变了雅典的历史，铸就了西方文明的辉煌。

　　一个城市，乃至一个文明的诞生就是因为发现了一个矿藏。如果我们每一个人都能像挖掘宝藏一样来挖掘上帝早已藏在我们内心的良好的性格，那么，我们也可以凭借我们的优良性格——这样一个宝藏来改变我们的人生。

　　成功的人在他成功的背后一定都有某些优良的性格在支撑着他。曾经有位美国记者采访晚年的投资银行一代宗师 J. P. 摩根，问道："决定你成功的条件是什么？"

摩根不假思索地说:"性格。"

记者再问:"资金重要,还是资本更重要?"

摩根答道:"资本比资金更重要,但最重要的是性格。"

摩根曾经成功地在欧洲发行美国公债,采纳无名小卒的建议轰轰烈烈地开展钢铁托拉斯计划,还曾经力排众议推行全国铁路联合……他的奋斗史、他的开创性伟业,根本上是源于他倔强、坚强和敢于创新的性格。

1998年5月,沃伦·巴菲特应几百名学生的邀请到华盛顿大学演讲。有学生问了他一个有趣的问题:"你怎么变得比上帝还富有呢?"

巴菲特回答说:"这个问题非常简单,原因不在智商。为什么聪明的人会做一些阻碍自己发挥全部功效的事情呢?原因在于他的习惯、性格和脾气。"

在这些成功人士的身上,我们很容易感觉到成功背后的性格力量,正如摩根和巴菲特对性格对成功的重要性的肯定。让我们一起来分享智者释迦牟尼的一句话:"妥善调整过自己,比世上任何君王都更加尊贵。"这是因为良好的性格是人一生一笔巨大的财富。

约翰·梅杰被称为英国的"平民首相"。这位笔锋犀利的政治家是白手起家的一个典型。他是一位杂技师的儿子,16岁时就离开了学校。他曾因算术不及格未能当上公共汽车售票员,饱尝了失业之苦。但这没有击倒年轻的梅杰,这位信心十足、具有坚强毅力的小伙子终于靠自己的努力战胜了困境。经过外交大臣、财政大臣等8个政府职务的锻炼,他终于当上了首相,登上了英国的权力之巅。有趣的是,他也是英国唯一领取过失业救济金的首相。

正是约翰·梅杰这种不屈不挠、自信坚强的性格让他凭着自己的努力，从一个领救济金的人最终当上了英国的首相。

好的性格能让人无论是在顺境还是在逆境中都能积极面对，并且不懈地努力，最终取得成功。相反，不良的性格往往会在关键时刻毁掉一个人的一生，进而造成悲剧性的结局。

韩信虽为一代名将，其性格却优柔而怯懦。胯下之辱虽说明了他的忍，同时也说明了他的怯懦。倘若不是如此，他就不会惧怕刘邦，而会果断地反刘自立。

韩信其实不能忍。漂母的几句话，他就容忍不下，羞惭得无地自容，倘若能忍，何至于此。正因如此，开国之后，刘邦对他一贬再贬，他便忍耐不住了，怨言满腹。倘若他真能忍住，断不会招来杀身之祸。

韩信不敢反，又不愿忍，从而形成了他优柔寡断的性格，他在优柔寡断中失去了一次又一次机会。

也许，对于优柔性格的韩信来说，最理想的行为方式就是让别人先反，自己在一旁优柔地观看，败则与己无关，胜则乘势而起。韩信确实这样做了，他让陈豨起兵，自己则优柔观望。然而，刘邦和吕后不优柔，他们快刀斩乱麻处决了韩信。

韩信在优柔中被杀，其实他并没有真反，而只是在犹豫，他是被硬拉上刑场的，我们不知是否直到临死一刻他才真正不再优柔。

在历史上因性格上的缺陷而毁掉大好前程的又何止韩信一个人呢？中国历史上第一位集大学者、大权谋家、大政治家于一身的李斯，作为秦国丞相曾经大红大紫、权倾一时，但最终他被腰斩于咸阳街头，全家老少都被杀害。李斯的一生是秦国政治的真实写照，也是他自身个性特征的体现和结果。

　　李斯出生于战国末年，是楚国上蔡人。少年时家境贫寒，年轻时曾经做过掌管文书的小官。

　　有一天，李斯上厕所，看到老鼠偷粪吃，老鼠又小又瘦，见人来就惊慌逃窜。过了不久，李斯又在国家的粮仓里看到老鼠在偷米吃，这些老鼠又肥又大，看见人来，不但不逃避，反而瞪着眼很神气的样子。李斯觉得很奇怪，仔细一想，他悟出一个道理：又瘦又小见人就逃的老鼠，是无所凭借；而又肥又大见人不逃避的米仓老鼠是有所凭借而已。

　　为了能做官仓里的老鼠，求得荣华富贵，李斯辞去了小吏的职务，前往齐国，去拜当时著名的儒家学者荀子为师。李斯十分勤奋，同荀子一起研究"帝王之术"，即怎样治理国家、怎样当官的学问。学成之后，他便辞别荀子，到秦国去了。由于李斯才华横溢，并且提出了许多治理国家的好建议，很快得到了秦始皇的重用。

　　韩非是李斯的同学，他们同在荀子门下求学。韩非著作极丰，秦王感叹道："我若能见到此人，和他交游，死而无憾。"

　　后来韩国在国势危急之际起用韩非，让他出使秦国。李斯知道韩非的才能在自己之上，出于嫉妒，他对秦王说："韩非是韩王的亲族，爱韩不爱秦，这是人之常理。"

　　秦王说："既然不能用，那就放走吧！"

　　李斯希望赶尽杀绝，他对秦王说："如果放他回韩国，他定会为韩出谋划策，对秦国十分不利，不如在他羽翼未丰之时将他杀掉。"

　　秦王听信了李斯的话，赐给韩非毒药，令他自尽，就这样，李斯除掉了他的对手。

　　而后，秦王统一了中国，李斯也升为丞相，职位越来高，权势也越来越大。

公元前210年，秦始皇病逝，以赵高为首的旧贵族意欲立胡亥为帝。而要立胡亥为帝，就必须通过李斯，李斯身为丞相，掌握着最高权力，没有李斯的同意，胡亥是当不了皇帝的。当时，在朝廷内部李斯是可以揭露赵高、粉碎篡位阴谋的唯一的人。但是，由于李斯软弱、妥协，更是因为他希望保住他的荣华富贵，他没有这样做。

为了让胡亥上台，赵高抓住李斯的弱点，用高官厚禄去引诱李斯，而李斯过于贪恋"富贵极矣"的社会地位，总想保全已经到手的既得利益，所以面对赵高的威胁和引诱，他听信了赵高，对赵高的阴谋未进行及时揭露和制止。

胡亥即位以后，赵高便开始陷害李斯，最后使忍无可忍的李斯到秦二世面前揭露赵高的罪行，但秦二世非常信任赵高，并告诉了赵高。赵高进一步诬毁李斯："李斯最忌恨的就是我，我一死，他就可以谋反了。"秦二世听后立即把李斯逮捕入狱，并派赵高负责审讯。

李斯被套上了刑具，关进了监狱，并受严刑拷打、百般折磨，他忍受不了痛苦，只好供认了"谋反"的"罪行"。经过10余次的审讯，李斯被打得死去活来。后来，李斯被判处死刑。

李斯的悲剧结局固然与当时的局势有关，与他的个性更是不无关联。他的老鼠哲学，注定他是一个贪婪的人。为了自己的荣华富贵，他可以除掉他的同学韩非，甚至不惜帮助赵高、胡亥篡位，最终走入了赵高的陷阱，落得身首异处的可悲下场。一切的结局可谓咎由自取，怪不了别人。

目　录

第一章

何为性格

性格是人最本质的象征

大千世界，芸芸众生，如同世界上没有两片相同的叶子，我们每个人都是单独的个体。在面对同一件事情时，每个人的反应都不同：同样是大敌当前，为什么岳飞宁死不屈，秦桧却卖国求荣？同样是楚汉相争，为什么刘邦能一统天下，项羽却乌江自刎？同样是才华横溢，为什么毕加索能一举成名，凡·高却郁郁而终？同样是遭遇厄运，为什么贝多芬能扼住命运的咽喉，而许多与成功仅一步之遥的人在关键时刻选择了放弃？太多的"为什么"让我们不得不联想到性格，正是因为性格的不同，而导致了选择的不同、行为的不同，进而导致命运的不同。而性格本身又是复杂而多样的，这体现在每一个体上更是纷繁复杂、变化万千。这也是为什么我们周围的人有的开朗活泼、有的沉稳冷静、有的热情大方、有的冷若冰霜、有的潇洒大方、有的郁郁寡欢、有的细心谨慎、有的粗枝大叶……归根结底都是性格所决定的。那么，究竟什么是性格？

心理学认为，性格是一个人"典型性的行为方式"。也就是说，一个较成熟的人在各种行为中总贯穿着某一种典型的方式，这是经常的，而不是偶然的。这就是性格。

例如，王某不论在众人聚会的场合，还是在工作中，都是开朗大方、活力四射的。这样，我们说他的性格是活泼的。如果某一日，他有点心事，因而变得沉默寡言，但这只是很偶然的情形，我们就不能说他的性格是沉默寡言。性格是人的心理的个别差异的重要方面，人的个性差异首先表现在性格上。有人说："刻画一个人物不仅应表现他做什么，而且应表现他怎样做。""做什么"，说明一个人追求什么、拒绝什么，反映了人的活动动机或对现实的态度；"怎样做"，说明一个人如何去追求要得到的东西，如何去拒绝要避免的东西，反映了人的活动方式。如果一个人对现实的一种态度，在类似的情境下不断地出现，逐渐地得到巩固，并且使相应的行为方式习惯化，那么这种较稳固地对待现实的态度和习惯化了的行为方式所表现出的心理特征就是性格。例如，一个人在为人处世中总是表现出高度的原则性、热情奔放、豪爽无拘、坚毅果断、深谋远虑、见义勇为，那么我们说这些特征就组成了这个人的性格。构成一个人的性格的态度和行为方式，总是比较稳固的，在类似的甚至不同的情境中都会表现出来。当我们对一个人的性格有了比较深切的了解，我们就可以预测到这个人在一定的情境中将会做什么和怎样做。

而性格差异是普遍存在的，这就使得每个个体都拥有自己独特的个性。事实上我们生出来就有自己的优点和缺点，只有我们意识到自己的独一无二，才能理解为什么大家在学同一课程，在同样的时间里，由同一位老师讲课，却往往会获得不同的成绩。尽管性格的差异是普遍存在的，但是不能否认人们的性格也存在着共同性，性格是在人的社会化过程中形成的，因此，总要受到一定社会环境的影响。人是生活在群体之中的，相同的环境条件与实践活动会使人们的性格带有群体的共性特点，像直爽、热情、好客就是北方人的共性。可以说共性是相对存在的，而性格的差异是绝对的。具体地说，性格的特征大致包含了整体性、稳定性、独特性和社会性，以及可变性、复杂性。

1. 整体性

性格是一个统一的整体结构，是人的整个心理面貌。每个人的性格倾向性和性格心理特征并不是各自孤立的，它们相互联系、相互制约，构成一个统一的整体结构。一个固执的人同时可能是坚强果断的，而一个温柔的人也可能是宽容的。因此，分析自己的性格，应当从自身上全面地去看，既要看到自己性格的优势，也要看到劣势，只有这样，才能真正认识自己的性格。

2. 稳定性

性格是指一个人比较稳定的心理倾向和心理特征的总和，它表现为对人对事所采取的一定的态度和行为方式。一种性格特征一旦形成，就比较稳固，不论在何时、何地，于何种情境下，人总是以他惯用的态度和行为方式行事。"江山易改，本性难移"形象地说明了性格的稳定性。

3. 独特性

每个人的性格都是由独特的性格倾向性和性格心理特征组成的，即使是同卵双生子，他们在遗传方面可能是完全相同的，但性格品质也会有所差异。因为每个人在后天的实践环境中，条件不可能绝对相同；而且即使是生活在同一家庭中的兄弟姐妹，宏观环境相同，个人的微观环境也是有差异的。因此，每个人的性格都反映了自身独特的、与他人有所区别的心理状态。如《水浒传》中的108条好汉，便是个个性格迥异。

4. 社会性

人不仅具有自然属性，同时也具有社会属性。一个人如果离开了人类，离开了社会，正常心理发育将无法完成，更谈不上性格的发展。生物因素只给人的性格发展提供了可能性，而社会因素使这种可能性转化为现实。性格作为一个整体，是由社会生活条件所决定的。中国古代《孟母三迁》的故事就充分地反映了人性格的社会性。

5. 可变性

整个人类的心理素质都处在不断进化的过程之中，作为人的心理素质之一的性格当然在不断进化。性格也会因为年龄的增长、环境的变化而发生改变，总体来说是趋向成熟。一个人，当发现自己的性格特征是好的，对他自身的发展有利，他便会通过自我意识来巩固、加强和完善这一性格特点；而当他发现自己的性格特点是不好的、有缺陷的，严重地阻碍了他的发展，他便通过自我意识有目的地节制和消除。人便是通过这两个方式改变不好的性格和培养好的性格，来不断完善自己，进行优良而完美的性格的塑造。

6. 复杂性

人性格的复杂性，来源于社会现实生活中人的复杂性和矛盾性。人是社会属性和自然属性的统一体，从社会属性来说，人是各种社会关系的总和。由于社会生活纷繁复杂，人的思想、行为不可避免地要受到来自各方面的影响。因此，人的行为的动机、欲望、需求是相当复杂的，甚至是互相矛盾的。人的性格也往往表现出这种矛盾性。有的人平时温文尔雅、态度谦和，但在面对恶势力时也能疾恶如仇、敢爱敢恨。所以，一个人的性格实际上充满了矛盾性和复杂性，很难用一个简单的词来描绘一个人的性格。必须深刻地解剖自己的内心世界，解剖自己的各种欲念和思想动机，并且把这些和自己性格方面的各种表现联系起来加以考察，才能从本质上把握住自己的性格。性格的概念是如此的广泛，因此，我们只有准确地了解和把握性格决定行为的规律、不断地认识和了解自己和他人的性格，同时进一步改造和完善自己的性格，才能在真正意义上把握和掌握好自己的命运，成就美好的人生。

性格的表现形式

1. 活动凸现出性格

人的心理和活动是密切联系的。性格在活动中形成，也在活动中表现。因此，应在游戏、学习、劳动和交往等各种具体活动中研究人的性格。

儿童的性格在游戏中会表现出来。如让儿童在各种各样的游戏之间选择一个他最喜欢的游戏，从而由这个游戏类型判定儿童的性格，例如有的游戏是需要团队协作的，有的是个人独立进行的；有的游戏是运动型的，有的则是安静型的。一般来说，愿做运动型游戏的儿童的性格是比较活泼好动的；愿做安静型游戏的儿童的性格是内向的；而愿做个人游戏的儿童表现出其性格孤僻的一面，也表现出其独立行事的一面；喜欢参加团队协作的儿童的性格，既有善于交往的一面，也有依赖他人的一面。

学生的性格则会在学习活动中表现出来，如学习的责任心和坚持性。作业是否认真、细致，上课时的精神状态和表现是否较好，也能反映其性格上的特点。

人的性格还会在工作中表现出来，如可以从一个人对工作的态度、如何处理工作中的人际关系及如何完成任务等方面观察到他的性格特征。

2. 语言体现出性格

俗话说："言为心声。"我们观察一个人怎样说话，对认识其性格具有重要的意义。如说话的内容、说话真诚与否、言语风格如何等等，都可以表现出一个人的性格特点。

一个人表里不一，也可以从其言语中表现出来，如阳奉阴违，说一套做一套，这充分表现出虚伪的性格特征。一个正直的人在说话时不仅语气坚定、斩钉截铁，而且用语非常讲究礼貌、准确，其内容更是由字里行间透出一股正气。而一个狡诈的人在编造他的谎言时往往语气是飘浮不定的，用语也给人一种不确定、不可靠的感觉，其内容更是漏洞百出。

当然，语言只是我们判断一个人性格的一方面，因此，为了更好也更准确地判断一个人，我们必须把语言的不同方面与性格的其他表现联系起来。

3. 外貌表情反映出性格

其实一个人的面部表情、姿势、打扮、衣着等也在某种程度上反映出一个人的性格特点。一个热情开朗的人总是将他的开朗的性格写在笑脸上，一个阴郁的人则总是一脸的惆怅表情。微笑本身也可以表现出不同的性格特征。列夫·托尔斯泰写道："有些人只有一双眼睛在笑，这是奸诈的人和利己主义者。有些人不用眼睛而是口中发笑，这是软弱、优柔寡断的人，而这两种笑都是不愉快的。"面部表情是多种多样的，会表现出不同的性格特性。

眼睛是心灵的窗口，人的眼睛在面貌的表现上起着重要的作用，它显示了人的性格和气质的某些特征。列夫·托尔斯泰就曾把人的眼神分为狡猾的眼睛、炯炯有神的眼睛、明朗的目光、忧郁的目光、冷淡的目光、无情的目光等等。

典型的姿势，如一个人是放开大步走还是迈着碎步走，是笔直地站着还是斜歪着，双手放在什么地方等，往往也反映出一个人的性格特征。

一个人的服饰也可能表现出这个人的性格。比如，活泼型的姑娘一般喜爱色泽鲜艳、图案活泼多变的服装；温柔文静的姑娘则爱穿素净淡雅、线条饰物简单的服装。

性格的源起及发展

英文性格（Personality）一词的语源一般都认为来自希腊文（Persona）。这个词是指希腊人在演戏时戴上的面具，后指演员在戏中扮演的角色，并指扮演该角色的人，有时也指具有某种特征的人。这也就是说，"性格"是人类行为的特征，是经常性的行为表现，而不是那些仅偶尔发生的行为。因此，性格一词最初出现时，含有4种不同的意义：

（1）一个人在生活舞台上呈献给其他人的公开形象。

（2）别人由此知道这个人在社会生活中所扮演的角色。

（3）适合于这个生活角色的各种个人品质的总和。

（4）角色身份的特定性和异他性。

可见，人的性格既包括呈现在他人面前的外部的自我，也包括由于种种原因不能显示出来的内部的自我。

人类在古希腊时期就开始了对性格的关注和研究，亚里士多德的大弟子德奥佛斯特就在他的《人的种种》一书中对愚钝、小气、胆小、叛逆等常见的性格及典型行为作了深刻而幽默的描述：

愚钝的人就是——

"去找已经忙得焦头烂额的人，要求和他谈谈心。"

"女朋友正生病发高烧，却在她面前大唱情歌。"

"去喝喜酒，却在宴会上大肆批评新娘的不是。"

"看到长途旅行回来、累得全身无力的朋友，却邀他去运动。"

"对方手上有一件事情正在做也不是、不做也不是，犹豫不决的时候，自己却自告奋勇地表示想接此工作。"

而他对"小气"的人的刻画更是到位，让人叹为观止：

"请人喝酒，却一直数对方喝了几杯。"

"请别人帮忙买东西，即使花费很低，但一看到账单，仍大皱眉头。"

"天天跑去看自己和邻居的土地界址是否被移动了。"

"请人吃烤肉，却切成小小的块，每次只端出一点点。"

"说要出去买食物，逛了半天却什么都没买回来。"

这可以说是目前世界上能找到的最古老的"性格论"著作了。他有关性格的各种描述在诙谐幽默中给人一种贴切、"点到死穴"的感觉。也正因为如此，该书也成为当代有关心理学研究的基础。

随后，卡雷努思根据希波克拉底的"液体病理学"提出所谓的"气质说"。活泼而有阳刚之气的人血液较多，也就是"多血质"；性情稳重、沉着缓慢者则由于黑胆汁过多，属于"黑胆汁质"；至于急躁没耐性的人则是黄胆汁过多，属于"黄胆质"。这种所谓"气血质"的学说可说是卡雷努思将希波克拉底以来古希腊医学综合整理、体系化的结果。

到了 19 世纪后半叶到 20 世纪初，德国医学和心理学家恩特将人的情绪反应以"强与弱""快与慢"等二元对应的方式，配合气质说，在前人的基础上将人的性格归于以下 4 类：

（1）多血质。

（2）黏液质。

（3）黑胆质（抑郁质）。

（4）黄胆质（胆汁质）。

到了 20 世纪，"四气质说"（详见 42 页）又被德国学者克雷兹曼及美国学者提出的各种理论代替，而这一期间的"性格"学说也得到了空前的发展，其中根据四型判断性格的方法被普遍应用。

中国历来对性格的认识

　　我国对性格的认识与研究最早可以追溯到商周时期的"性习论"，而后到了春秋战国的百家争鸣的年代，各家各派又在"性习论"的基础上纷纷提出自己的观念，将对性格的探讨推到了一个新的高度。

　　首先是产生于商代的"性习论"。"习与性成"据说是商代早期伊尹告诫初继王位的太甲的一句话，意即一种"习"（习惯）形成的时候，一种"性"（性格）也就形成了。儒家的代表人物孔子，随后把"性习论"加以发展，提出"性相近、习相远"，认为人的本性原先是"相近"的，只是由于后天的习练，而导致了人们"习相远"，即差异很大的性格。

　　到了百家争鸣的春秋战国时期，以墨子为代表的墨家在过往学说的基础上也形成了自己的观点，提出了"性染说"。认为人性如素丝，"染之苍则苍，染之黄则黄，所入者变，其色亦变"，即人性完全是环境和教育的结果。

　　与此同时，儒家的另一位集大成者——孟子则一直坚持"性善论""人之初、性本善"。他认为人的性格天生都是善良的，并且举出"恻隐""羞恶""辞让""是非"为人性的"四端"，而这"四端"是人皆有之的，只要推而广之，就可发展成为仁、义、礼、智、信等善良性格。

　　同属儒家的荀子则提出了与孟子的"性善论"恰恰相反的"性恶论"。他认为："人之性恶，其善者伪也。"认为"情"和"欲"都是人的天性，"性者，天之就也；情者，性之质也；欲者，情之应也。"所以，"情不可免""欲不可去"，"情"和"欲"都是产生人们不良性格的基础。他主张用"礼乐"节制人们的"情"和"欲"。

到了汉代，集各家学说为一身的董仲舒为了迎合当时的统治者，便将性格与"天人感应"联系起来，提出一套较为完整的"天人感应论"，认为"为人者天也"。因此，人的身体结构跟天的特点相吻合："人有三百六十节，偶天之数也；形体骨肉，偶地之厚也；上有耳目聪明，日月之象也；体有空窍理脉，川谷之象也。"他认为，人的心理活动也与天的现象相对应："人之好恶，化天之暖晴；人之喜怒，化天之寒暑。"从这种神秘的"天人感应观"出发，必然引出唯心主义心身观，对人性作出唯心主义的臆测。董仲舒明确把人的性格分为"圣人之性""中民之性"和"斗筲之性"，这就是所谓"性三品"说。他认为"圣人之性"天生为善，不必教育；"斗筲之性"天生为恶，无法教育；"中民之性"则可善可恶，必须教育。

随后，"性恶""性善""性染"和"性品"的争论一直持续到了明清时期。

关于性格的分类，中国很早也有了自己的分类方法，我国古书《灵枢》中就对人的心理和生理上的差异进行分类，并归纳为金、木、水、火、土5类。

金型人面呈方形，皮肤白色，肩、腹、足都小，脚跟坚实厚大，骨轻。禀性廉洁，性情急躁，行动刚猛，办事严肃认真、果断利索、坚定不移。

木型人肤色苍白，头小面长，肩阔背直，身体弱小，忧虑，勤劳。好用心机，体力不强，多动刚猛，多忧多劳。

水型人皮肤较黑，面部不光洁，头大，清瘦，肩膀狭小，好动，走路时身子摇晃。禀性无所畏惧，不够廉洁，善于欺诈，为人不惧不卑。

火型人皮肤发红，背部肌肉宽厚，脸形尖瘦，头小，手足小，步履稳重，走路时肩背摇晃，背部肌肉丰满。性格多虑，缺少信心，态度诚朴。性急，有气魄，轻财物，但少信用。

土型人皮肤呈黄色，头大面圆，肩背丰厚，腹大，腿部壮实，手足不大，肌肉丰满，身体匀称。内心安定，助人为乐，对人忠厚。行事稳重，取信于人，静而不躁，善与人相处。

根据这个理论，不同性格的人，寿命的长短也是不同的。一般认为火型人"不寿暴死"，土型人寿长病少，这一点已为现代医学所证实。

我国另一部伟大的医书《内经》还按阴阳强弱把人分为以下5类：太阴、少阴、太阳、少阳、阴阳平和。

用阴阳五行说对人进行分类，虽然缺少科学依据，但还是给人们提供了区分不同类型的人的参考工具，这在当时是有一定意义的。这种分法表明，人的本质是由内部阴阳矛盾的倾向性决定的。这和近代生理学研究的兴奋和抑制关系有相同之处。

西方国家对性格的理解

在西方国家，早在古希腊时期就对性格展开了各种各样的研究，并作出了种种解释。而这些最早的研究和论断也为后来性格科学的发展奠定了坚实的基础。最早提出性格分类学说的是古希腊哲学家赫拉克利特，他把人分成两类：一类人是以"逻各斯"（理智）为指南并能支配自己欲望和需要的人；另一类人则屈从于跟动物没有多少区别的愿望和需要的支配。柏拉图则用不同的灵魂占优势来解释人们的性格。在他的《理想国》中，他提到人应根据自己的性格做适合的事情，从而各司其职，如有智慧的人应该当学者，勇敢的人应该当军人，而情欲旺盛的人可以从事手工业、做手艺人。在西方，把性格理解为就其本质而言是产生于社会的这种观念，起源于亚里士多德。他把人确定为政治的、社会的动物，认为人的性格产生于结合成群体的人们的社会情感和联系，以及由人际交往联系起来的集体生活方式。亚里士多德的这种思想，构成西方最早的性格社会心理学的核心。

一直到十八九世纪，随着人类医学的发展，产生了拉杰法尔的相面术和加尔的颅相学。这类学派认为人的长相、脸形和性格、命运有联系。1811 年，奥地利医生加尔研究了大脑皮质不同部位的机能定位，并且认为，脑的某一部分是否发达，能在颅骨的外形显示出来。因此，可以根据颅骨的外形来确定一个人的性格特点和心理倾向。例如，前额骨突出，就被认为"聪明""精干"；额骨扁平，则被认为"笨拙"等等。加尔的这个主观唯心主义的观点被他的学生施浦泽姆加以发展，成为一门"骨相学"。根据这种学说，一个人是忠诚老实还是虚伪奸诈，是正直坦率还是阴险毒辣，等等，只要看一个人的头骨长相就能推测出来。但是，这些学说带有很浓的唯心主义色彩，缺乏必要的科学依据，随着科学的进步，它最终被新的学说取代。

20世纪初，现代心理学的奠基人冯特，明确提出了"个性精神源出于整体精神之中"的观点，认为个人性格等个性心理特征，是由一定的集体现象中派生出来的。

在冯特以后，又有人提出"遗传决定"的学说，认为个人的性格取决于遗传因素。美国心理学家桑戴克说，人的个性"80%决定于基因，17%决定于训练，3%决定于偶然因素"。霍尔则鼓吹："一两的遗传胖过一吨的教育。"他们实际上都认为个人性格之间的差异就是遗传因素的差异，这种差异是不可能加以消除的。

而从18世纪法国启蒙思想家到德国唯物主义哲学家费尔巴哈至19世纪俄国革命民主主义者，在个性形成问题上都看到了社会的作用，看到了人与人之间的联系对于性格的影响，提出了性格不是遗传的结果，而是环境和教育影响的结果的原理。俄国革命民主主义者更是大大前进了一步，他们强调人的活动本身在改变环境中的作用，即不但环境能改变人，人也能改变环境。

到了20世纪40年代，关于遗传和环境对性格、心理的作用，曾引起国际心理学界一场激烈的论战，其结果是不了了之。这场论战中止20多年后，又由于詹森在1969年发表关于种族的智力差异观察、强调遗传决定而重新引发。究竟是遗传决定，还是环境决定，至今仍然没有一个定论。但是性格与人的行为之间存在的相互关系是一个不争的事实。一方面，性格对人的行为具有支配性；另一方面，人可以支配自己的性格，人的性格是接受自我意识的控制和调节的。一个人，当发现自己的性格特征是好的，他便会通过自我意识来巩固、加强和完善这一性格特点；反之，当他发现自己的性格特点是不好的，有缺陷的，他便通过自我意识有目的地节制和消除它。人便是通过这两个渠道改变不好的性格和培养好的性格，来不断完善自己，进行优良而完美的性格的塑造。

第二章

性格的形成过程

早期的心灵意识

　　荣格指出，对于婴幼儿来说，对他们最有影响的东西并不是来自父母的意识状态，而是来自他们本身的无意识的背景。这也就是说，在婴儿刚出生时，他是意识不到作为父母的成人的行为的，但在他的潜意识中，会流露出他的性格信息。

　　当然，这种所谓的潜意识中存在的性格信息与遗传有一定的联系，但它不完全由遗传来决定。因为人的心灵意识进化是一个继承与进步的过程，儿童先于自我意识阶段的精神，并非空洞无物。继承祖先的潜在意识处于朦胧状态，只是在得到外界物的刺激时才表现出来。

　　当语言发展时，儿童的意识便随即出现。这种具有瞬时内涵和记忆的意识便自动检验先前的集体内涵。而事实也证明了在未获得自我意识的儿童身上确实自然拥有着这些内涵，这方面最重要的证据便是三四岁儿童所做的梦。这些梦有许多是非常神秘而且寓意很深刻的，我们无法明白。如果我们事先不知道这是儿童做的梦，人们会理所当然觉得梦中的那些东西很成熟，是只有成年人才做的梦。这些梦都是祖先痕迹正在退化的集体精神的最后痕迹，这种通过儿童的梦来重现人类心灵中永恒的内涵的做法有点可笑。在这个阶段，因为这些退化必然产生出许多恐惧，以及各种朦胧的成熟的预感，这些预感会在以后的生活阶段中再出现，正如人们通常说的：只有小孩和傻子说实话。这种实话是一种人类心灵遗留下来的印证。

心灵意识的发展过程

当婴幼儿已经从无意识开始变为有意识时，弗洛伊德指出，如果母亲注意了喂奶的方式、断奶的态度以及关于大小便排泄的教养方法，孩子在成长后的性格，就会因母亲的教导方法的差异而各有不同。

首先是关于喂奶，如果得不到母亲的关注，只是定时由保姆喂养而成长的儿童，性格会变得孤僻，他们较为好哭、爱撒娇、自私和对别人猜疑，称为"口腔期不足"。弗洛伊德将人生的发展分为五阶段，每一阶段各具明显的特征，并且认为每一阶段都潜伏着一种"危机"。

以下是弗洛伊德的"人生五阶段"概要：

1. 信任与怀疑

由出生至 1 岁的婴儿阶段，称为"口唇期"。

弗洛伊德认为这一时期人主要的需求是获取口唇的满足感，即婴儿通过吸吮母乳而获得满足。对于这一时期的口唇需要可以从婴儿的生理与精神需要两个方面来理解：刚出生的婴儿由于生理需要是解决吃奶问题；而同时，没有任何行动能力的婴儿需要与一个养育者建立起永久的亲密关系，需要一种全面的生存安全感。因此弗洛伊德认为，当环境满足了人的口欲需要，婴儿便与母亲建立起正常的母婴或亲子关系，获得安全感，才会在今后的成长过程中对社会产生信任感，从而形成良好的人格。但如果口欲需求受挫，表现为充满不安全感，影响成长，人将会出现自卑、自恋的性格缺陷。如果口欲需求过度满足，会出现"口腔性格"的依赖、嫉妒等性格特征。

2. 自主与羞怯

1 岁至 3 岁的幼儿阶段，称为"肛门期"。

肛门期是指这一阶段的幼儿通过训练，能正常排便而满足舒适的欲望。两岁左右的儿童开始产生巨大的变化，他们的自主意识大为增强，出现"第一次逆反期"。由于这一时期练习适应社会的内容，是要以社会许可的方式排便，因此，如果父母给予儿童正确的训练，并在此过程中一直保持愉快的心理体验，这一阶段幼儿的心理成长需求就会得到满足，他们会继续保持与他人的亲密关系，表现出良好的自我控制能力，并能够在今后发展与同伴和他人的社会关系。放任不给予正确的训练，或施以过于强硬的压抑，都会使儿童发展欲望受挫，则会固结为"缺陷人格"，或表现为某种迂腐、偏执的性格特征。

3．进取与罪咎

4 岁至 5 岁的儿童阶段，称为"性器期"。

这一时期儿童的兴趣会转向异性器官，爱恋异性父母，并由此学会与家庭建立起亲密的关系，从而具有对社会生活更广泛的适应性，开始真正向一个"人"转变。他们开始向家庭以外去寻找情感的寄托、生活的内容，于是，他们也开始了对"人"的深入全面了解。对"人"深入认识的表现是孩子发现两性父母的爱恋，表现为男孩需要向父亲仿同，女孩需要向母亲仿同。如果家庭不能给予儿童相关的满足，一是会令"俄狄浦斯情结"压抑在人的潜意识，从而变成成年后神经症；另一个是儿童会缺乏人际关系的正常学习，成年后表现为处理人际关系的无能感。

4．勤奋与自卑

6 岁至 11 岁的儿童阶段，称为"潜伏期"。

一个相对平静的阶段（冬眠），儿童的兴趣投向外界，与同伴的社会关系发展迅速，并奠定了社交关系的基础。

5．自认与迷乱

12 岁至 20 岁的青少年，称为"青春期"。

这一时期儿童进入躯体成熟，并且完成在家庭以外的亲密客体关系的建立过程，使自己的观念同化及适应，达到人格形成。

性格的成熟

荣格认为，性格的发展、形成及变化，一直到成熟，和人的遗传、环境等因素有着密切的关系。

一般理论都倾向于认为，遗传因素通过气质和智力影响人的性格。在遗传因素的作用下形成的气质，按照自己的活动方式，使性格具有独特的色彩。例如同样是助人为乐的性格特征，多血质的人在帮助人时动作敏捷、热情溢于言表，而黏液质的人沉着冷静、情感蕴含在心。气质为人的高级神经活动类型所决定，所以，一开始气质就影响性格形成和发展速度。

不论儿童是由生身父母还是由收养或寄养家庭抚养，他们和生身父母之间在智商上总有显著的相关。荣格把此归因于遗传对智力的影响。进而言之，智力和性格都受高级神经活动的特性和类型的影响，而智力对人的性格形成是有作用的。这作用在人的发展过程中显示出来。人们运用自己的聪明才智，掌握相应的知识和技能，冷静地审时度势，使自己的行为符合客观规律，这样就会促使自己勇于克服困难，在艰难险阻中表现出自觉、大胆、果断和坚毅等良好的性格特征。因此大凡政治家、发明家、作家、艺术家，虽然从事不同的职业，但他们都兼有高度发达的智力、创造力和优良的性格特征。

性格不但受遗传因素的影响，更为重要的是，环境是性格发展形成的一个决定性因素。环境的作用主要是通过家庭、学校、社会活动以及工作实践来发生效应的。

性格的成熟是相对的，绝对的成熟是不存在的。从人所处环境的变化来讲，性格也有一定变化，但是，除非较大刺激（比如失恋、对自己重要的人发生意外、重大失败或挫折等），一个人的性格一旦形成，就基本稳定了。

第三章

性格的本质特征

性格的态度特征

人对现实的态度是性格特征的重要组成部分，它直接体现了一个人所特有的、稳定的倾向，也是一个人本质属性和世界观的反映。人对客观现实的态度是多种多样的，主要表现为心理与各种社会关系方面的特征，即个人与社会的关系、个人与集体的关系、个人与他人的关系以及对待自己的态度等方面的性格特征。

（1）对社会、对集体、对他人的态度的性格特征主要表现有：公而忘私或假公济私，忠心耿耿或三心二意，热爱集体或自私自利，正直或虚伪，有同情心或冷酷无情等。

（2）对工作和学习的态度的性格特征主要表现有认真或马虎，细致或粗心，勤劳或懒惰，节俭或浪费，勇于创新或墨守成规等。

（3）对自己的态度的性格特征主要表现有谦虚或骄傲，自尊或自卑，严于律己或放任自由等。

（4）对生活的态度的性格特征主要表现有抱怨生活的不公或懂得感恩，悲观或乐观，放弃或坚持等。

不难看出，以上这些态度之间，存在着内在的联系，其中一方面的态度可以影响或决定另一方面的态度。比如，一个社会责任感强烈的人，他对待事业常常是积极进取的，他对待同事常常是热诚相助的，他对待自己也常常是严格要求的。这也表明，一般说来，在个人的态度体系中，他对社会的态度常占着主导的地位。

人对某种事物的态度，是受他所持的相应的观点制约的。人对社会的态度如何，真实反映着他的人生观、世界观。因此个人对现实的态度体系，带有明显的道德色彩。个人性格中对现实态度的那些特征，基本上也是人的精神面貌的道德特征。由此可知，当全面评价某人的性格特征时，人们总不能不带有某种伦理上的褒或贬。比如，当谈到某人性格中的大公无私、舍己为人等特征时，总同时伴有赞许或颂扬的评价；相反，当谈到某人一向自私自利、损人利己等特征时，同时伴有否定的、鄙夷的评价。

性格的理智特征

人们借助感知、思维等认识过程来反映现实。这些认识过程在不同人身上表现出来的稳定的个体差异，构成了性格的理智特征。

1. 感知方面的性格特征

人在感知方面的个别差异可以区分为主动观察型和被动感知型，逻辑型和概括型，记录型和解释型，快速型和精确型等。

2. 记忆方面的性格特征

人在记忆方面的个别差异可以区分为主动记忆型和被动记忆型，直观形象记忆型和逻辑思维记忆型等。

3. 想象方面的性格特征

人在想象方面的个别差异可以区分为主动想象型和被动想象型，敢于想象型和想象受阻型，反映独立型和反映依赖型等。

4. 思维方面的性格特征

人在思维方面的个别差异可以区分为独立型和依赖型，分析型和综合型等。

性格的意志特征

一个人的行为方式往往能反映出性格的意志特征，它是人对自己行为的自觉调节能力，包括发动和制约两方面，对于人的独立性、主动性、自制力、坚韧性等方面具有促进强化或抑制削弱的作用。它在人的性格中具有十分重要的位置。

人的性格的意志特征可以从不同的侧面加以描述：

1. 行动目的明确程度

意志行动不同于冲动性行动，它具有自觉的目的性，意志过程就是根据这个目的来调节行动实现目的的。然而在人的行动目的性上，有着个人差异。有的人遇事目的明确，独立性强；有的人为人处世则经常目的不明确，稀里糊涂过日子，缺乏独立性，容易随波逐流。

2. 行为自制力控制水平

人为了达到既定目标，有时需要抑制自己的某些内心冲动和外部行为，有时出于外部的社会约束也需要如此，于是表现出个人行为方式上的差异：有的人自制力强，善于"令行禁止"，表现出较好的纪律性和自我约束能力；有的人则自制力差，表现出行为的冲动性、任意性和散漫性。

3. 行为解决问题的果敢性

这是在人遇到危难局面时表现出的意志特征。身处惊险环境，有的人显出勇敢、顽强、镇定自若，有的人则胆怯、懦弱、恐慌万状；面临困难的抉择，有的人表现得果敢决断，有的人则优柔寡断。

4. 行为持续的坚韧性

在达到长期目标的过程中，显示出个人在行为方式上的重要不同，就是坚韧程度。有的人富有恒心，处事百折不挠，锲而不舍；有的人见异思迁，难于持久，甚至遇难则退，半途而废。

性格的情绪特征

性格的情绪特征又被称为性情，一个人经常表现出的情绪活动的强度、稳定性、持久性和主导心境方面的特征就是性格的情感特征，它直接控制、影响人的自我状态。

1. 情绪强度的性格特征

经受同样的刺激，个人经常出现的情绪强度可以不同。有的人多愁善感或易于大喜大悲；有的人则不易动情或惯于产生微欢淡愁；有的人情绪难受约束，动辄喜形于色；有的人情绪则常受理智和意志的抑制，表现甚为平和。

2. 情绪稳定性的性格特征

一种情绪产生了，其持续的长短因人而异；两种性质对立情绪转换的难易，也存在差异。这就造成个人间情绪稳定性的区别。有的人喜怒无常，瞬息万变；有的人则相反，一旦沉入某种情绪体验，就不易摆脱。

3. 主导心境的性格特征

主要指不同的主导心境在一个人身上表现的程度，如有的人受主导心境支配的时间长，有的人受主导心境支配的时间短；有的人愉快，有的人忧伤等。

总而言之，性格的各种特征并不是孤立的，而是相互联系的。它们在个体身上结合为独特的统一体，从而形成一个人不同于他人的、独有的性格。

由性格的特征可见性格的本质特点，而性格的本质特点取决于一个人对现实事物的稳定的态度体系和行为方式，这一部分构成性格的内核。性格的这一部分，是个体在后天的活动中逐渐形成的。客观现实的不同反映，不断地渗透到个体的生活经历之中，影响个体的生活活动。这些客观事物的影响，通过认识、情感和意志活动，在个体的反映机构里保存下来、固定下来，构成一定的态度体系，并以一定的形式表现在个体的行为之中，它构成每个个体所特有的行为方式，构成人的性格的突出的、典型的方面。例如，有的人乐观、有的人悲观，有的人真诚、有的人虚伪，有的人正直、有的人狡猾，有的人谦虚、有的人骄傲。而这些人对待现实的态度和相关的行为很明显地体现了性格的本质特点。因此，我们在认识自身性格的同时，更应该注重去改进和完善自我的性格。

第四章

影响性格的四大因素

遗传——与生俱来的性格

人类似乎很早就对性格的形成的遗传因素有了一定的认识，中国的很多俗语就有这一方面的十分生动和形象的体现，如"种豆得豆，种瓜得瓜""上梁不正下梁歪""老鼠的儿子会打洞"等。从科学的角度来看，性格的形成与发展确实有着极其深厚的生物学根源，遗传素质作为性格形成的自然基础，也为性格的形成和发展提供了必不可少的前提条件。下面我们着重从4个方面来分析遗传对性格的影响。

第一，一个人的相貌、身高、体重等生理特征会因社会文化的评价与自我意识的作用，影响到自信心、自尊感等性格特征的形成。

如在一个崇尚以瘦、高、小脸为美的国家里，如果一个人的外表刚好符合这个国家的大众审美标准，那么他/她将成为众人认可、肯定的对象，其自信心和自尊感也会得到大幅度的提升。但如果相反，他/她胖、矮且相貌并不那么出众，他/她就会在一种大众无形的否定中感到自尊心受挫，并产生自卑的情绪。

第二，生理成熟的早晚也会影响性格的形成。一般地，早熟的孩子爱社交，责任感强，较遵守学校的规章制度，容易给人良好的印象；晚熟的孩子往往凭借自我态度和感情行事，责任感较差，不太遵守校规，很少考虑社会准则。如果任其自由发展，在孩子以后的成长过程中很有可能会出现这样或者那样的问题，甚至引发严重的后果。

第三，某些神经系统的遗传特性也会影响特定性格的形成。这种影响表现为或起加速作用或起延缓作用。这从气质与性格的相互作用中可以印证：开朗型的人比抑郁型的人更容易形成热情大方、积极乐观的性格。在不利的客观情况下，抑郁型的人比开朗型的人更容易形成胆怯和懦弱的性格特征；而在顺利的条件下，开朗型的人比抑郁型的人更容易成为强者。

第四，性别差异对人类性格的影响也有明显的作用。一般认为，男性比女性在性格上更具有独立性、自主性、攻击性、支配性，并有强烈的竞争意识，敢于冒险；而女性比男性更具依赖性，较易被说服，做事有分寸，具有较强的忍耐性。这种由性别差异而导致的性格差异在社会的职业角度就有很好的体现，例如，需要细心与耐心的护士、幼教、秘书等工作的从业者一般以女性居多，而需要耐力、独立性、支配性的工作，如工程师、警察等以男性居多。

遗传固然是性格形成的重要因素之一，但我们不能无限夸大遗传的影响。因为一个人性格的形成，无论是讨人喜欢的性格还是不讨人喜欢的性格，除去遗传因素的影响，更多的是后天的家庭、教育及环境的影响，了解了这一点，也就使我们能够更好地培养并完善自己的性格。

家庭——为性格打上最初的烙印

当我们降生在这个世界上时就归属了一个家庭，而且家庭作为每一个人出生后接触到的最初的教育场所，父母双方的性格，父母的教育方式、观念，在家庭中所处的地位及所承担的角色等都对人的性格的最终形成有非常重要的影响。从这个意义上讲，"家庭是制造性格的工厂"。

1. 父母性格的影响

首先，父母个性的相映成趣对孩子个性的形成、发展和丰富具有积极的促进作用。比如父母中有一位是黄胆汁质气质，另一位是黑胆汁质或黏液质气质，这样两种个性刚好形成互补，这样的父母一唱一和，松弛有度，孩子就能从父母的言行举止中感受到家庭的魅力、生活的乐趣、人生的幽默感。生活在这类家庭中的孩子往往会形成乐观、开朗的个性。相反，若是父母的气质类型相同（多血质还好点），要发脾气两人大动干戈，要温柔起来两人情意绵绵，家庭环境也形成夏日型环境：一会儿狂风暴雨，一会儿晴空万里。这样的个性组合对孩子个性的形成往往具有消极影响。他们往往对父母的行为感到不知所措，再开朗、乐观的孩子也会变成坏脾气，沉默、抑郁、苦恼、少年老成。

此外，父母对孩子个性的影响表现在父母本身的个性影响力上。一般说来，多血质和黄胆汁质气质的父母比较能吸引孩子的注意力，这两种外向型的气质，极大地影响了孩子的说话方式和行为方式，从而使他们很容易形成类似父母的个性。如果父母性格比较沉郁，孩子在沉寂的家庭环境找不到多少快乐，就会把目光投向外界，从周围的环境中寻找欢乐，从而丰富自己的个性内涵，使孩子在未来形成与父母相差甚远的个性。

2. 父母的教育方式、观念及态度的影响

在孩子性格的形成过程中，与爱一起发挥重要作用的，就是教育。教育是一个权威和服从的问题，即父母怎样发挥权威和发挥什么样的权威，以及孩子怎样服从父母的权威。

父母亲的权威，在各个家庭中的表现是各不相同的。有的父母对待孩子比较专制，硬让孩子接受自己的观点，孩子如果不接受，那就非打即骂。与此相反，有的父母一切听从孩子的，孩子要什么就给什么，想怎样就怎样，片面强调孩子应该有自己的自由。有的父母对待孩子态度多变，一会儿大要威风，一会儿又百依百顺。

不过，研究发现，家长教育观念的正确与否，决定家长对儿童采取何种教育态度与方式，而家长的教育态度与方式又直接影响着儿童的发展，特别是性格的形成与发展。有许多心理学家对父母的教育方式与态度及对子女性格的影响进行了研究，其结果表明，在父母不同的教育态度与教育方式下成长的儿童，其性格特点有明显的差异，现概括为下表。

父母的教育方式及态度与子女所形成的性格示意表

序号	父母的态度与方式	相应形成的子女的性格
1	支配性的（命令式）	依赖性，服从、消极、缺乏独立性
2	溺爱的（百依百顺）	任性，骄傲，利己主义，缺乏独立精神，情绪不稳定
3	过于保护的	缺乏社会性，任性，依赖，被动，胆怯，深思，沉默的，亲切的
4	过于严厉的（经常打骂）	顽固，冷酷，残忍，独立的；或怯懦的，缺乏自信心、自尊心，盲从，不诚实
5	民主的	独立的，协作的，社交的，亲切的，天真，有毅力和创造精神，直爽，大胆，机灵
6	忽视的	妒忌，情绪不安，创造力差，甚至有厌世轻生的情绪
7	父母意见分歧的	易生气的，警惕性高的；或两面讨好，好说谎，投机取巧

3. 家庭中的地位及角色的影响

孩子在家庭中所处的地位及扮演的角色，也会影响其性格的形成与发展。如父母对子女不公平时，受偏爱的一方可能有扬扬自得、高傲的表现，受冷落的一方则容易嫉妒、自卑。

艾森伯格（P. Eisenberg）研究认为，长子或独生子比中间的孩子或最小的孩子具有更多的优越感。孩子在家庭中越受重视，其性格发展越倾向自信、独立、优越感强。如果其地位发生变化，原有的性格特征往往会随之产生不同程度的变化。例如，在一个家庭中，由于从童年起姐姐就担当保护和照顾妹妹的责任，那么，姐姐就会处事果断、主动勇敢，妹妹则较为顺从、被动。再如，一个家庭将儿子当作女儿来对待和教育，那么，这个男孩往往会形成温顺、细腻、柔和的女性化性格。

孩子作为家庭的一分子，在家庭中的地位及角色又会直接或间接地反映到家庭氛围中来。一般来说，在气氛很好的家庭，即父母和子女相互信赖、相互爱护，相处得如同朋友一般的家庭中长大的青年，大多数人的性格表现出沉着稳定、善于适应和独立性强的倾向。而在那些乱七八糟、纷争频频的家庭中长大的青年，大多数适应性很差，经常会捅出各种娄子来。

由以上3方面，我们不难看出家庭对于一个孩子的性格的形成具有多么重大的意义。所谓"成功的父母是孩子的明天"，这样的例子在我国的历史上并不少见：古代杰出的土木建筑大师鲁班的母亲也是一位出色的木匠。鲁班受其母亲的影响，从小对斧头、锯子等感兴趣。成了大建筑师后，母亲仍是其重要的帮手。每次鲁班用墨斗放线时，母亲就拉着墨线的一端。有一次墨线突然卡在了木缝里，母亲突然得到了启示：如果有一个钩固定在一端将墨线钩住，不就可以腾出手来干别的活了吗？母亲将想法告诉了鲁班，鲁班很快做好了这种钩，人们为纪念发明家的母亲，就将这个钩称为"班母"。鲁班在其母亲的言传身教下，又相继发明了许多木工工具，这其中有其母亲不小的功劳。

在人生的过程中，家庭是子女最早接触的教育环境，父母是子女最早接触的教师，因此父母的性格对子女最具潜移默化的影响。

教育——重塑你的性格

随着孩子年龄的增长，除了早期的家庭为主的教育方式以外，学校作为一种被普遍认同的社会教育方式，将在儿童性格的形成阶段起主导作用。学校将根据某些具体的教育目的对学生施加有目的、有系统、有计划的影响，让学生在日常的学习、生活中受到影响。

1. 班集体的影响

学校的基本组织是班集体，优秀的班集体会以它正确而明确的目的、对班集体成员严格而又合理的要求、自身强大的吸引力感染集体成员，充分调动所有成员的主动性、自觉性，从而促进学生良好性格的形成。与此同时，通过同学之间的交往，增强了责任感、义务感、集体主义感，学会了互相帮助、团结友爱、尊重他人、遵守纪律，也培养了乐观、坚强、勇敢、向上等优秀品质。优秀的班集体还可以使学生一些不良的性格得以改变。日本心理学家岛真夫曾挑选出在班集体里的8名学生担任班级干部，并指导他们工作。一学期后，发现他们表现得自尊、有责任心，整个班级的风气也有所改变。

一个好的班集体固然能为孩子形成良好的性格提供一个良好的氛围，但对于作为教育的主导——教师来说，他们更是对学生性格的形成起到了直接而关键的作用。

2. 教师的影响

教师是直接与学生进行接触的主体，其一言一行都可能对学生产生深远的影响。

放任型：表现为不控制学生的行为，不指导学生学习。学生则表现为无集体意识、无团体目标、纪律性差、不合作。这样的学生往往容易形成散漫、懒惰的性格，若任其发展，最终可能会导致极其不良的放纵性格。

专制型：表现为包办学生的一切学习活动，全凭个人的好恶对学生进行赞誉、贬损。学生则表现为情绪紧张、冷漠、具有攻击性、自制力差。这样的学生往往容易形成依赖、压抑的性格，也很有可能会形成另一反面——叛逆的性格，甚至会存有报复心。

民主型：表现为尊重学生的自尊心和人格。学生则表现为情绪稳定、态度积极友好、开朗坦诚、有领导能力。这样培养出来的学生往往具有良好的心态，易形成积极乐观、豁达而宽容、坚韧友善的性格，为未来的成功打下基础。

因此，学校的教育对于每一个人的一生来说都是极其重要的，因为人的性格的形成时期恰好是我们在学校接受教育的时期。一个好的学校、好的老师、好的教育体系与教育制度都将对孩子性格的形成产生重大的有益影响。

环境——"时势造英雄"

人生来就不是孤立的，人总是生存在这样或那样的环境中，这环境就包括自然环境和社会环境，尤以社会环境为主。自然环境对人的性格的形成的影响主要体现在地域、民族两大方面，我们常常会对各地的人进行分析，如某地的人比较直爽，而某地的人比较精明，某地的人比较圆滑，而某地的人比较小家子气等，这正是地域差异而导致的性格差异。而民族环境不同也会影响到个体性格的不同，如蒙古族人性格豪放而热情、傣族则细腻而温柔等。而对人的性格起主要作用的社会大环境更为复杂，想必大家都听过《孟母三迁》的故事，这其中就体现了社会环境对一个人的性格的影响。

孟子，约公元前 372—前 289 年，名轲。战国时邹（今山东邹县）人。他主要活动于战国时期的梁惠王、齐宣王时代，是我国古代伟大的思想家、政治家和教育家。

孟子本为贵族后裔，到他父亲那一代，家境就已衰落贫困了。孟子很小的时候，父亲得病死了，他从小是母亲一手抚养大的。孟母是一个有知识、有教养、很能干的女人，一心想把孟子培养成人。

开始，孟子家距墓地很近，他常和邻居的孩子们一起到墓地里去看热闹，也许是看得太多了，他也和小朋友们一起玩起给死人送葬一类的游戏来。孟母知道以后，觉得这种地方不能让孩子来，对孩子成长没有好处。于是，第二天孟母收拾好家里的东西就搬家了。

他们母子二人搬到一个闹市附近住下来。这个市场人来车往，每天从早到晚叫卖声、吵嚷声不绝于耳，时间一长，孟子又学起那些小商小贩的吆喝声来了。孟母觉得这种环境也不利于孩子成长，便再次搬家。

这回，他们搬到一个学堂附近住下来，那些来学堂读书的人个个斯文讲礼貌，见面时或作揖或鞠躬。日子长了，孟子就照着那些读书人的样子拿书来读，和人见面时也仿照那些读书人行礼作揖，变得非常懂事有礼貌。孟母看在眼里，喜在心头，觉得这个地方对孟子的成长大有帮助，于是一直住下来。

后来，孟子一天天长大了，到了上学的年龄，孟母就把家中节约下来的钱给他交了学费，送他到学校读书。起初，孟子还很用心读书，可时间长了，就有些松懈了，有时孟子还偷偷逃学，后来被孟母知道了。有一天，天黑了，玩儿了一整天的孟子回到家里，一进门看到火炉也没有点着火。孟子感到情况有些不大对头，他慌忙低着头准备从母亲背后绕过去回到自己的小屋里。他刚走到屋门口，就被母亲厉声叫住了。他见母亲站起身来，满脸气愤，又走到厨房拿出一把菜刀朝织布机上的布唰地一下砍了下去，将那块还没有织好的布一下子砍成两截。孟母用颤抖的手指着被砍断的布对孟子说道："你也太没出息了！一个人如果没有志气，做什么事总是半途而废，跟这没织好的布有什么区别呢？假若你再逃学，不求上进，我就不要你了。"孟母说得很伤心，并掉下泪来。孟子是个孝子，他最怕母亲伤心难过。他知道自己做错了，急忙认错并保证今后一定努力学习，不惹母亲生气。从此以后，孟子发奋苦读，博览群书，终于成为孜孜不倦、志向远大的学者，名扬四方。

试想，倘若孟母极不注重环境对孩子性格的影响，不曾3次搬家，可能孟子今天就不会被写入历史书了，他也许充其量是一个沿街叫卖的小商小贩，也就更不会有影响中国2000多年的思想精华。因此，一个良好的环境对一个人的性格的形成具有重大的作用，我们每一个人都应该注重环境的改造，使之能更加有利于造就和发展每一个人的良好性格。

生活中还有许多环境影响性格的例子：贫苦人家的孩子懂事早，比别的同龄孩子早成熟，这是由于"穷人的孩子早当家"；某些才能卓越的孩子是由于他们自小就生活在一个有助于他们发展特殊才能的家庭环境中。如天才音乐家莫扎特，他出生在奥地利的一个富裕家庭，他的父亲就是一位音乐教师，他从小就受到了来自家庭的良好的音乐熏陶，进而让他对音乐产生了浓厚的兴趣，并最终成为有名的音乐家。

生活中，我们可能还有这样的经验，那就是一个从小生活在优裕环境中的人，由于他从来不为一些日常小事发愁，所以很容易形成一种大度豁达的性格，不会斤斤计较，什么事都放得开，且有一种包容的气度。我国书法家启功先生就具有这样的性格。在书香门第中长大的孩子，举手投足之间都会透出一种温雅的气质，农村来的孩子其性格中的朴实与憨厚也是掩盖不住的。有良好家教的孩子待人接物有节有礼，对待老人尊爱有加；相反，从小娇生惯养的孩子则可能显得骄横跋扈，让人难以接近。这些都是环境对人的性格产生作用的有力实证。

因此，创建一个良好的生存环境对我们形成、改造、完善自身的性格是必要的，一个好的环境能影响一个人一生的性格。

第五章

性格分类

四种典型性格分类

19 世纪后半叶到 20 世纪初期，开始出现了以气质为标准来对性格进行分类的学说。被认为近代心理学之父的恩特将人的情绪反应以"强与弱""快与慢"等二元对立的方式，配合四种气质说，道出如下的模式：情绪反应弱而快的是"阳刚的多血质"；情绪反应弱而慢的是"平淡的黏液质"；情绪反应强而慢的是"忧郁的抑郁质"；情绪反应强而快的是"急躁的黄胆质"。这 4 种气质的特征如下。

1. 多血质

多血质的人轻率、活泼、好事、喜欢与人交往、面对困难不会退缩，以及不会忌恨。很容易答应别人的事情，也很容易忘了约定。有面对困难的勇气，但看事情不妙，也会开溜。能够调整自己的喜怒哀乐，随时保持心理平衡与往前冲刺的状态。一旦成功或受别人赞赏，就乐不可支……

多血质的人大多是活跃的积极分子，在人际交往中，他们气质上率直坦诚的特征总是直接地表现出来，这可能会伤害一些人，但更能赢得许多朋友。而且他们在激烈竞争的社会中，在瞬息万变的情况下，能够施展出自己的才干。他们是充满自信的人，他们有活动能力，而且会越来越强。所以从一定意义上说，多血质的人对所有的职业都具有适应性。重大局、不贪小利、不感情用事等等，这都是多血质的人在气质方面的长处，他们具有较突出的外向性格，适应社交性强的工作，如政治家、外交家、商人、律师等。

2. 黏液质

黏液质的人安静、漫不经心、散漫、邋遢、好饮食等。相对于黄胆质的人一受刺激就哇哇大叫，黏液质的人则反应非常迟钝或冷淡。不过，虽然反应及行动缓慢，这类人通常诚实且值得信任。由于个性平淡，工作缓慢，所以不太容易紧张。

黏液质的人是具有一定领袖气质的人。他们的直觉敏锐，善于处理错综复杂的人事关系，是一个不容忽视、深孚众望的、具有强烈个人魅力的人。他们大多数都能很好地利用协调性、积极性、社会性及感情稳定性表现自己的才能，发挥出卓越的能力，而且不论地位高低，都能在各自的行业中占有重要位置。因此，在实际工作岗位上，黏液质的人多数表现为精明强干。如出色的公务员、有才气的作家、头脑明晰的银行家等。但是，黏液质的人的职业选择范围不广，可以说很窄。尽管如此，他们却活跃在广泛的领域里。与多血质一样，他们对工作岗位的适应性也很强，最适合于他们的工作岗位是策划及一般事务一类。

3. 抑郁质

抑郁质的人比较趋向于稳重、沉郁，经常只看到人生的黑暗面。他们多半避免送往迎来的交际活动，也不喜欢和外向活泼的多血质人在一起。甚至看到别人欢天喜地乐不可支时，反而会不高兴。这类人一遇到困难常常心理失去平衡，一旦心情不高兴，便久久无法恢复正常。

抑郁质的人不擅长与人交际，不擅长与陌生人交谈。但是面对熟悉的、亲密的人，面对知己，他们会出乎意料地展现他们内心的一面。而另一方面，抑郁质的人积极认真，努力向上，毫不懈怠，懂得埋头苦干，无论对什么职业都能一丝不苟。

因此，抑郁质的人在学者、教育家、研究人员、技术人员、医师等比较内向的职业领域，有较强的适应性。

4. 黄胆质（胆汁质）

黄胆质的人对于情绪的刺激非常敏感，意志力薄弱，易动摇、没有耐心、情绪忽冷忽热。他们做什么事都是3分钟热度，这类型的人不喜欢被压抑，喜怒哀乐的表现非常明显。不过，他们不论悲伤或愤怒都来得快去得也快。一般而言，这类型既热心也有爱心，做事情很有爆发力。

　　黄胆质的人开朗、热情，他们一般都是自来熟，但他们一般不愿在陌生人面前出现，他们只愿和相互了解的人往来，并保持真诚相待。

　　他们最大的气质特征是外向性、行动性和直觉性。因此，在政治家、外交家、商业家、作家、记者、设计师、实业家、护士等比较外向的职业领域里，黄胆质的人有适应性。另外，在体育界，黄胆质的人比较活跃。

MSCP 性格分类

1. 活泼型性格（S）——外向、多言、乐观

活泼型性格的优点很多，具备这种性格的人通常待人热情、性情奔放、豪迈、幽默、真诚而能言善辩。同时，他们富于浪漫情怀，天生喜欢乐趣，喜欢和人在一起。他们天生具有表演的天才，能把所有人的目光像吸铁石一样吸引过来，不管什么场合，他们永远是人们瞩目的焦点。他们也很情绪化，感情外露；对任何东西都有着强烈的好奇心，这样就使得他们经常略显孩子气，即使年龄偏大也依然童心未泯，但这不表示他们对工作没有热情。

活泼型性格的人在工作上也有很高的热情，工作态度很主动，好奇的性格特征使得他们在工作上富有创造性，充满干劲，同时他们热情的性格会使他们在工作中与同事和谐相处。他们永远精力充沛、活力四射，总是自告奋勇地去做每一件事情，他们从不吝啬赞扬别人，永远学不会忌恨；与人发生不愉快时，他们很快就会主动向别人示好，所以他们容易交上很多朋友。活泼型性格的父母在与孩子相处中更是如鱼得水，他们把自己的孩子看作自己的朋友，这也让孩子们感到轻松，从而愿意与父母一起分享他们的小秘密。

活泼型性格的人总会用他们的热情和幽默带给我们欢乐；当我们心力交瘁时，他们会带给我们轻松。活泼型性格的人永远是最受欢迎的人。

但是，活泼型性格的人也有其本身所固有的缺点，他们虽然健谈，但通常也会总是叽叽喳喳地说个不停。而且，他们在描述一件事情的时候，总是喜欢"添油加醋"，似乎不说得夸张点就表达不出事情的真相。虽然他们喜欢表现自我、展示自我，但也容易以自我为中心，往往把自我放在第一位，对自己的故事津津乐道的同时常常忽视别人的感受。而且这种活泼型性格的人因其活泼好动、没有耐性的本性而养成了记忆力不好的坏毛病。他们对数字毫无概念，所以他们通常都记不住别人的电话号码和别人的名字。

活泼型的人由于性格开朗，喜欢结交朋友，因而他的朋友是很多的。但也正因为如此，活泼型的人交朋友大多随兴而至，朋友虽多，但真正称得上知心的朋友却很少。

而且，活泼型的人做事情总是很有激情地开始，但往往以没有结束而告终，这是阻碍活泼型性格的人成功的最大敌人。

2. 完美型性格（M）——内向、思考、悲观

完美型性格的人与活泼型性格的人可以说是两个不同的极端。完美型性格的人在情感方面很冷静，他们不会像活泼型的人一样情感外露，相反，他们深思熟虑、善于分析。但这不是说他们不喜欢与人相处，只是他们对任何事情都有自己的一套标准，而且对任何事都严肃认真；他们要求事情做得有条不紊，喜欢清单、表格、数据，追求准确，有很强的责任心。

完美型性格的人在工作上喜欢预先作详细的计划，一旦开始工作就完全投入，有条理、有目标地完成，善始善终，永远不会中途放弃。而且他们很懂得善用资源，勤俭节约，讲求经济效益，用最合理的方法解决问题。他们对自己和别人都要求很高，他们注重生活细节，对生活环境很讲究，十分爱卫生、干净，将事情安排得井井有条。

在交友上，完美型性格的人和活泼型性格的人可以说是截然相反。完美型性格的人选择朋友很谨慎，他们的朋友不会很多，但只要是他们的朋友，一般都是十分知心的，可能真诚相对、相互关心。而且他们善于聆听抱怨，积极帮助朋友解决问题。在选择配偶的问题上，他们也追求完美，有着近乎苛刻的标准。完美型性格的父母对孩子有着很高的要求，他们不会像活泼型性格的父母那样把孩子看作自己的朋友，他们希望自己的孩子很出色，因此，他们一般对待孩子都较严厉。

由于完美性格的人善于分析、勤于思考，并且制订相关的计划，

目标明确，善始善终，并且高标准、严要求，因此，从某种角度来说，完美型性格的人是离成功最近的人。这也正如亚里士多德说："所有天才都有完美型的特点。"

当然，任何性格都不是完美的，完美型的性格也存在自身的不足，由于他们不想让自己太激动，很难让人看出是喜是悲。他们总是显得很阴沉，没有活力，使身边的人也觉得很沉闷。由于他们过分地注重细节，并且非常敏感，在现实生活中，他们极易受到伤害。他们与此同时具有悲观主义的人生观，对自己和他人及一切事物的要求非常之高，这往往带给他们身边的人巨大的压力，从而他们对自己也过分苛刻。正因为他们的完美主义倾向，他们总是得不到满足，内心十分痛苦，并且缺乏安全感。

3. 力量型性格（C）——外向、行动、乐观

具有力量型性格的人天生就具有领导者的气质，在工作上他们总是显得活力充沛，充满自信；他们意志坚决、果断，一旦认准目标就绝不放弃；他们不易气馁，总是信心百倍地将事情继续下去，并且不允许有任何的差错；他们是天生的工作狂，有很强的行动力，设定目标后，就迅速地将全部身心投入到工作中。同时，力量型性格的人善于管理，能综观全局，知人善任，合理地委派工作，寻求最实际、最合适的解决问题的方法。

在交友方面，由于这种性格的人总是自信满满，而且特立独行，再加上他们天生的领导才能，所以他们往往不大需要朋友；另外，由于他们自信的本性，他们往往有点自以为是，听不进别人的意见，所以不大容易交上朋友，因为没人能容忍他们自大的秉性。力量型性格的父母在家庭里可以说是个独裁者，他们说一不二，设定目标，督促全家人行动，像一个领导者一样有条不紊地管理着整个家庭的日常事务。

力量型性格的人永远充满动力，他们会充满理想，勇于攀登高不可攀的顶峰。这些性格特质往往使他们在自己所选择的职业中达到顶峰。

力量型的人正因为力量太强，总想控制别人，这会造成许多人的

反感。而且，他们永远高高在上，俯视别人的生活，爱支使别人，认为不用他们的方法看待事物的人都是错误的，别人若是犯一点点的错误，他们便不能接受。所以他们希望身边的每个人都听他们的指示，受他们的支配。最让人忍受不了的是：他们从来都不主动道歉，即使他们错了，他们也由于过分自信而拒不道歉，在他们眼中，错误是不可能发生在自己身上的。

4. 和平型性格（P）——内向、旁观、悲观

和平型性格的人在情感方面显得很低调，总是一副很平和、镇静、坦然自若的样子，对任何事情都很有耐心，对任何情况都能适应。他们性情善良，总是善于隐藏自己内心的情绪，总能平静地接受命运的安排；他们很细心，做任何事情都很周到，绝对不会让别人受到冷落；他们有着一成不变的生活模式，在工作上他们也喜欢从事自己很熟悉或者很熟练的工作，不会轻易变换工作；由于与他们相处没有任何压力，因此，他们具有很强的亲和力；他们善于调节问题，有一定的行政能力，不是雷厉风行的领导者，但绝对是平和、给人亲切感觉的、可信任的上司。

在交友方面，由于他们是很好的倾听者，对朋友有爱心，所以他们有很多的朋友。但与活泼型性格的人不同的是，和平型性格的人永远是付出较多的一方，他们喜欢静静地站在一旁给处于劣境中的朋友中肯的建议；这让其他性格的人都愿意找和平型性格的人做朋友。和平型性格的父母可以说绝对是好父母，他们对待孩子不急不躁，很有耐心，他们不容易生气，对于孩子的错误他们也很宽容。

但是，和平型性格的人最大的缺点是没有主见。他们往往因为害怕对事情负责而拒绝作决定，而且他们对任何事情总是显得没有魄力和热情，因为他们害怕变化的结果可能会更糟而宁愿保持现状。也正是因为他们一成不变，他们往往缺乏创新，对自己承诺的事也不会特意花时间去做。

由于他们的性格让他们不愿去伤害别人，他们总是会去做他们并不喜欢的事情，在别人眼里永远是一个"老好人"。但事实上，他们也将违背自己的意愿。

可以说，活泼型、完美型、力量型和和平型这 4 种性格无好坏优劣之分，各有各的优点和缺点。而且，这 4 种性格之间相互补充，都能积极发挥各自性格的长处，用别的性格的长处来弥补自身性格的短处则会产生意想不到的良好效果。相信大家都很熟悉我国四大名著之一的《西游记》吧！其中的 4 个主角——猪八戒、唐僧、孙悟空、沙僧的不同性格演绎出来的不同形象一定给你留下了深刻的印象吧！唐僧师徒 4 人之所以能历尽千辛万苦取回真经，在很大程度上源于这支取经队伍成员性格的黄金组合，即猪八戒的活泼型＋唐僧的完美型＋孙悟空的力量型＋沙僧的和平型。在这样的组合之中，这 4 个人物各自发挥自身性格的优势，同时，相互之间互补性格的劣势，这便使得整个队伍中的性格劣势在互补的作用下降到最低，而性格优势在不断的联合下大大加强。这样几乎接近完美的性格组合的团队不取得胜利才怪呢！

九点图性格分类

"九点图"（enneagrams）一词由希腊文"九"（ennea）和"图"（gram）组合而成，意为"由9个点构成的图"。九点图以1个圆和圆内的9个点，以及连接这9个点的线构成。在这看似简单的构图中，蕴藏着表现人们内心世界的地图。

九点图的基本理论是人从本质上可以归纳为9种不同的类型，每个人在降临人世时都具备了其中的某一种。正如男女出生的性别比例几乎相等一样，在世界任何地区，9种人所占的比例也差不多。对那些不喜欢简单分类的人来说，这种分法或许缺乏科学根据。

然而，九点图的目的不是进行简单的分类，而是试图使决定你行动的能量达到理想的平衡状态。九点图理论认为，每个人都拥有自己没有发现的卓越的能力。首先，必须找到"真正的自我"，然后以此为前提，去除那些阻挠你发挥潜力的桎梏、怀疑、恐惧、自大等因素，恢复你的真正潜能，并使之达到平衡状态。分类只是更好地掌握九点图智慧的起点。

接下来，我们对这9种性格进行具体的分类分析：

1. 追求完美型

追求完美型的人做任何事都力求完美，以积极的态度追求自己的理想，不惜付出任何努力。经常关心公正和正义，为人正直，值得信赖，坚信自己的伦理观是正确的。给人以"井井有条"的印象，经常注意保持克制，常把"应该怎么"挂在嘴边。如果"做得对""理解得正确"，会感到非常满足。

2. 乐于助人型

乐于助人型的人充满爱心，向遇到困难的人伸出援助之手，随时准备帮助周围的人。一方面拼命满足他人的要求，另一方面并没意识到自己也需要他人的帮助。直觉敏锐，能够与周围的人保持协调，对环境的适应能力很强。另外，擅长交际，具有与不同的人打交道的本事。在"帮助他人""忘我地照顾他人"的时候，会感到非常满足。

3．追逐成功型

追逐成功型的人总是在意效率，为了成功，即使牺牲自己的个人生活也在所不惜。期待他人也能朝着自己所定下的目标大步向前，很会激发周围人的干劲。以成功或不成功为尺度衡量人生价值，属于重视成就、精力充沛的人。为了给周围的人以好印象，常常表现出很有自信的样子。当"成功了""事情进展很顺利"的时候，会感到非常满足。

4．与众不同型

与众不同型的人自豪地认为自己是特别的人，最重视感情，讨厌平凡。认为比他人更能深深地体会悲伤和孤独，关心别人，喜欢鼓励他人。此外，认为自己就像剧中的主人公，从言谈举止到时尚流行，都给人一种清高、表现力丰富的印象。当处在"自己是特殊的存在""独一无二""沉浸在感动之中"时，会感到非常满足。

5．渴求知识型

渴求知识型的人喜欢吸收知识，想当一个聪明人。有很强的分析能力和洞察能力，喜欢自始至终当一个客观的旁观者，虽然长于观察现实，但说话不多，显得内向。厌恶愚笨的表现。在开始工作或陈述意见前，会细致地收集信息，试图把握一切。此外，喜欢独处，很珍惜自己的时间。如果被认为是"有智慧""聪明""无所不知"的人，会感到极大的满足。

6．寻求安全型

寻求安全型的人有两面性，一方面是寻求强有力的保护人，对于这个保护人忠心耿耿，尽责尽力；另一方面，反抗不能接受的权力，倾听弱者的意见，即使没有胜算，也敢于进行挑战。能从对方的一言一行里洞悉对方的真实意图，只要能建立信任关系，就会表现出深情温柔的一面。对被人誉为"忠实""诚实"会感到满足；

同时，对被称为"率直""不服从社会规范""勇于面对危险"会感到满足。

7. 乐观开朗型

乐观开朗型的人凡事皆持乐观态度，为人开朗，善于从身边寻找快乐。周围有很多自己喜欢的人，本人也试图显示魅力。制订一个又一个快乐的计划，提出新的构想，好奇心强，富于想象力。当觉得"很快乐""愉快极了""有很多计划"的时候，会感到非常满足。

8. 自我主张型

自我主张型的人只要认定自己是正确的，就会倾全力而战。有勇气、有力量，一眼就能识别错误、怠惰和虚荣心等，并且勇于向它们挑战，善于把握权力结构，善于保住发挥"长处"的位置。不拿架子，为人诚实，勇于保护弱者。当被人誉为"有本事""做得到""精力充沛"时，会感到非常满足。

9. 协调平衡型

协调平衡型的人是个规避矛盾和紧张的和平主义者，不喜欢自己的内心被外界扰乱。附和他人，很容易受到周围人的影响。如果环境好的话会心胸开阔，不为外物所动，很有耐心，没有偏见，能够体谅他人的心情，善于与人沟通和交流。他们能很好地周旋于众人之间，并且起到协助和调节的作用。当被称赞为"和平""善解人意""通情达理"时会有一种强烈的满足感。

荣格性格分类

著名心理学家荣格通过对内向型性格，外向型性格及性格的思维、直觉、情感、感觉4种功能进行全面的分析和研究后，将一些特殊的性格表现同心理类型结合起来，最终得出了8种性格，即外向思维型、外向直觉型、外向情感型、外向感觉型、内向思维型、内向直觉型、内向情感型、内向感觉型。

1. 外向思维型

这种类型的人，努力使自己生活在一般社会普遍承认的规范中。这些人不以自己随意的独断作为判断的基础标准，他们的判断具有客观性。他们能出色地把握各种客观的事实和条件，在深思熟虑后作出结论，并使自己的行动理性化。

这种类型的人，不仅对自己，而且在与周围人的关系方面，不论视为善恶，还是视为美丑，一切以被赋予理性的原则作为最高标准。这种类型的人在顺应时代的潮流方面极为敏锐和出色。但是，因为过于跟随潮流，他们也给人一种极其新潮的印象。如果生活态度僵硬化，就会给人一种缺乏自由豁达的感觉。因为这种类型的人大多数位于极端之中。

这种类型的人因为思考占优势，所以，属于感情的东西被压抑，美的活动、兴趣、艺术鉴赏、交朋友等方面被阻碍和排挤。如果感情过于压抑，在无意识中的感情就会反抗，那么也许会产生连本人都不知道缘由的结果。

由于这一类型的人的理性很强，由理性来主导行动，而且看待和对待事物较为客观，因此，这一类型主要是男性，因为思维作为决定性的功能多数是男性。通常情况下，当思维在女性身上占据优势时，它来源于心灵中直觉活动的优势地位。

通俗地讲，此类人属于行动型，在社会中容易获得成功。他们头脑灵活，适合从事政治、经济、顾问、医生等工作，也能成为官僚。但是，他们在行恶的场所也容易犯罪。这种人想尽力摆脱主观对行动的影响。

2. 内向思维型

内向思维型的人与外向思维型的人相同，也追求理念，只是其方向相反，不是向外，而是向内。这种人善于在自己的内心构筑并发展理想的世界。总是富有积极性，不会因麻烦、危险、被视为异端或唯恐伤害别人感情等理由而停滞不前。

然而，这种人不善于把其理想付诸现实，很多人的实际能力不太出色。因为他们常常忽视客观存在，而是为理论而理论。其追求理想的方法主观、固执，不接受他人的意见。

对待周围的人，只是消极地关心，甚至漠不关心。因此，别人感到自己像讨厌者一样被他拒绝。这种人一般给周围人冷淡、任性和自以为是的印象。因为这种人对来自他人的妨碍感到不安，所以，这种人对周围的人也会表现出礼貌和亲切，其态度总让人感到生硬。

这种人容易引起周围人的误解，不擅长社交，也不知如何得到对方的好感。与他亲近的人会极其赞赏这种人的亲切态度和丰富的内心世界，但与他疏远的人，认为这种人冷淡、难以取悦、难以接近及妄自尊大。但这种人不是骄傲自大，在构筑内心理想方面有勇气，敢于大胆地冒险，只是在同外界现实接触时，就怯懦、不安、想法设防。不愿自我吹嘘是这种人的美德，因为他本来就不在意别人对自己的评价。但有时遇到非常理解的人，反而立即给予对方过高的评价。

一般来说，内向思维型人的头脑非常聪明，但不是为了成就一番事业，而是为了满足内心的需要，所以在社会上并没有成功，是典型的孤芳自赏型。德国哲学家康德就属于这一类型，同外向思维型的典范达尔文相比，前者注重主观因素，后者依据的是客观事实。康德把自己限定在对知识的评论上，而达尔文善于对极为丰富的客观现实进行探讨。

在内向思维型的人看来，金钱、地位、名利不是最重要的，最重要的是自己内心的问题。这类人在数学、物理等领域能取得很大的成就。从某个角度看，这类人可能成为极富情感的人。

3. 外向情感型

外向情感型的人，女性占绝对多数，都想采取任随自己感情的生活方式。其感情比较顺应周围的状况，她们的价值判断也同样如此。例如，其他人对人或事物作出是"好"是"坏"的评价时，自己一般不作出评价。而人们普遍是如何评价的，也就单纯地认同。所以，这种人较随和，在人群中可形成和谐的气氛。

女性最能清楚地表现这个特点的是选择结婚对象。女性在择偶时，不仅看他的身份、年龄、职业、收入、身高、家庭环境等，还要看是否符合自己的要求。与其说是自己喜好，不如说是符合社会标准。而这种类型的人，由于其感情机能占优势，所以，思考机能就被压抑。但思考机能不是不发挥作用。只是，这种人的思考不是为思考而思考，而只是感情的附属品，是为服务于感情才发挥作用的。

如果这种类型的女性过于顺从，就会丧失感情中富有巨大魅力的个性。不仅如此，还使人感到浅薄、玩弄花招和装模作样。在第三者看来，这种人的主体性完全埋没于感情之中，刚才是这种感情，一瞬间又变成另一种感情，难免给人见异思迁、变化无常的印象。

荣格认为外向情感型的人善于判断周围情况，在社会上起主角的作用。不过，由于对外界过于适应，反而对自己不利。他们经历某种分化后最终与主观修饰相分离，内心变得十分冷漠。虽然有非常美好的理想，但往往还没计划好就盲目行动，所以后果不堪设想。

4. 内向情感型

这种人的感情发展程度从外部很难窥知。少言寡语，难以接近，遇到粗野的人就立即躲开。因此，在旁人看来，是沉静、彬彬有礼及性情深不可测的人。有时也被认为是忧郁的人。但如果对他人过于回避，就会被人猜测为这个人对他人的幸福和不幸都持事不关己的心态。事实上，这种人对初次见面或毫不相关的人，不会表现出热情欢迎的态度，而是采取冷淡或拒绝的态度。总之，他们对外界漠不关心。

这种人也不是没有业余爱好，或没有被令人兴奋的事情和人物吸引的时候。在那种情况下，这种类型的人一般采取善意的中性态度，或根据情况的变化，也表现出轻微的优越态度或批判态度。因此，给人高高在上的印象。如果是女性，即使受到激情的袭扰，她也会冷静地按捺、克制自己的激情。

这种类型的女性，想使自己与对方的感情停留在平静、均衡的状态，而禁止过于激越的感情。所以，在陷进去之后，就刹车并开始轻视对方。在这种情况下，只看这种人表面的人，就会轻易地认为这种人"冷淡"或毫无感情。但是，这种估计有些偏激，这种人只是抑制和不表露感情，内心却蕴藏着热情。

这种人富有同情心，一旦同情某人就不是表面上的同情，而是极为深切的同情。由于这种同情过于深切，所以就像自己的事情一样感到悲哀，他们会毫不虚假地安慰、鼓励对方。但由于他们对某些人或事物什么也不表露，所以周围的人，特别是外向型的人认为这种人非常冷淡。但是，有时他们深切的同情会溢于言表，并作出令人惊奇的、崇高的或自我牺牲的献身行为。

荣格通过研究发现，女性中多出现这种明显的内向情感，用"静水则深"来形容这类女性十分贴切、真实。许多这类女性性格文静，沉默寡言，较难接触，难以捉摸；她们往往表现出一种幼稚可爱或平庸的样子，显得自己毫不出众，看上去显得很忧郁。她们的主观情感掌握了自己生命的支配权，真实的动机被挡住了，所以她们显得不太真实；她们和谐的举止并不会引人特别注意，但她们富有爱心，经常参与慈善活动；她们与人相处很和睦，容易与他人产生共鸣，但不会去关心他人的感受和幸福，不想用任何方式或态度去打动、影响他人，或让其按照自己的意愿去做。

可以说，内向情感型是这8种性格中最中庸的一个，当出现某类能让人迷失或激起热情的东西时，内向情感型的人往往会采取保持中立的态度，既不肯定也不批评，有时还会用一些优越感的力量给那个导致敏感的因素一些厉害。

5. 外向直觉型

外向直觉型的人，具有把握隐藏在客观事实深处的可能性的能力。他们认为，重要的不是现实，而是可能性。所以，这种人不断地追求可能性，感到日常安定的生活环境像监狱一样令人窒息。

一旦热心于追求可能，他们就会显示异常的狂热状态。一旦看到没有再飞跃发展的希望时，就立即冷淡下来，或干脆放弃。例如，对某项事业的计划简单地认为"这个计划将来有希望"，对自己的直观能力很自信，所以，就勇往直前。从这个意义上讲，他们是冒险家。当他们的事业走上轨道、趋向安定之后，一般认为继续从事这个事业更为安全有利，这种人却想转向别的工作。

由于这种类型的人不尊重周围人的观点、主张和生活习惯，为此，有时被看作不道德、冷酷、鲁莽的人。在企业家、商人中，属于这种类型的人有不少。但是，这种类型的人，女性比男性多。女性的直观活动能力，与其说在职业方面，不如说在社交的舞台上。这种女性具有利用一切社交的可能性，去与有势力的人熟知乃至亲密接触的能力。在选择交际或配偶方面，她们能敏捷、迅速地寻找到有前途的男性。但是，如果出现新的其他可能性时，迄今所得到的一切，她们就会全都放弃。

直觉者自认为有特殊的道德观，重视直觉的观点，并信服直觉观点的威望，不关心他人的事以及他人的想法，更有甚者对自己的安全状况也毫不关心。由于从不崇拜任何人，因此经常被认为是高傲、冷淡、失德的冒险家，他对外界客观事物的关心，寻找对外界的可能性，就预示着他对任何一种职业都怀有极大的兴趣，很乐意将自己全身心地投入到此项工作中，并将自己的才华运用到每个方面。

能够观察到事物本质和事物的可能性的直觉型，如果才华横溢，将会在新商机中取得成功。许多企业家、投机者、证券人、商业大亨、文化经纪人、政客等均属这类人。

但是，由于直觉是低级功能的感觉，自己反应较迟钝，因平时不注意自身的安全，而导致疲劳过度，易患心脑疾病。所以这类人不要只顾眼前而不为将来着想。

6. 内向直觉型

内向直觉的特殊性质如果处于优势，就会有一种特殊类型的人产生，也就会有神秘莫测的幻想者、预言家或幻想的狂人和艺术家。其中艺术家被看成这种类型中的正常情形，因为这种类型的人有把自身局限于直觉和知觉特性之间的倾向。知觉是直觉者的主要问题，那些具有创造性的艺术家也是如此，知觉也成了形塑的主要问题。爱幻想的狂人由于是这些灵视的观念所描绘与限制出来的，因此满足于灵视的观念。

个体与真实之间强烈的疏远是由直觉的强化所导致的，这使得他在生活圈子中变得像个"谜"一样的人。他如果是一个艺术家，就能在艺术领域创造出许多新奇古怪的作品，这些作品中既有色彩斑斓的，又有琐屑无聊的，还会有可爱的、怪诞的、狂妄的……如果他不是艺术家，将会是一个得不到赏识的天才，一个"走错路"的人，一个聪明的傻子，或是一个"心理"小说中的角色。

这个类型中直观性一般程度的人，给人不愿意与现实接触也不努力适应现实的印象。对这种人来说，无论现实怎样都无所谓。事实上，外界的人物、事物及其一切对这种类型的人都不过是刺激。自己本是社会的一员，但作为社会的一员会给周围的人带来什么影响，他们对这种意识非常淡漠。所以，在外向型的人看来，这种人极度轻视世俗的事物。

一般而言，这种人给人的印象是腼腆、客气、缺乏自信、不知如何是好。与人交往时，则生硬、拙笨和不善表达，所以，显得缺乏趣味。可是，这种类型的人，与"内向感觉型"相同，不少人有丰富的内心世界，蕴藏着用语言难以表达的优秀品质。

7. 外向感觉型

愿意生活在现实之中，却没有支配欲望及反思倾向的人属于外向感觉型人。他们希望可以经常地拥有感觉，察觉客观事物的存在，还要尽可能地享受感觉。他们具有追求欢乐的能力，注重现实带来的快感，但并非不可爱，反而是一种很好的伙伴或对象。他们是生活中的"乐天派"，视觉和味觉非常灵敏，有时是位颇具审美功底、在设计和厨艺等方面都很出色的人。很多时候，他们会把很重要的事情放在一旁，甚至可以为晚餐是否丰盛这样的问题而绞尽脑汁。当客观事物带给他们所想要的那种感觉后，他们对那些客观事物就再也没有听下去或看下去的兴趣了。但这些客观事物必须是具体的、实实在在的，或是超越具体性的推测但能增强感觉的。有时感觉的强化并不会使他们自身愉悦，他们也不在意，因为他们只渴望得到这种单纯的感觉，而不是官能刺激。

然而，与"外向思维型"不同，这种人不以原则和理念规范自己，也不追求理想。重要的是现实，热爱、喜欢现实。因此，他们非常好客，愿意热情招待，谈笑风生。约会时，不会使对方感到无聊。服装和随身用品都很讲究。但是，如果采取过于拘泥于现实的生活态度，就给周围人爱讲排场、虚荣心强的印象。

一般来说，这种类型的人不把道德放在首位，这绝不是不道德。他们不要被道德之类的东西束缚的痛苦生活，他们要活得自由奔放。但是如果无意识的反抗增强，在日常生活中，就会带有比道德、宗教更强烈的迷信色彩，或把烦琐的仪式引入生活。除此之外，有不少人表现出极端固执的生活态度。

8. 内向感觉型

所有内向型的人都有远离外部客观世界的倾向，内向感觉型的人也不例外。他们对外界的一切事物不在意，不管别人说什么都听不进去，只是沉浸在自己的主观感觉之中，把自己的审美意识当作人生的追求。

他们往往只关注事物的效果及自身的主观感觉，对事物的本身一点儿也不在乎。当今许多年轻人都有这一特点，无论内向还是外向性格，感觉型的比较多。他们大多自我感觉良好，多数艺术家就属于这一类型。

荣格提出，内向感觉型是一种非理性类型。这种类型的人对偶然发生事件的选择，总是被所发生的事件牵引着走，而不是从理性观点上出发。从外部看，他们无法预测将有哪些事情发生，因此只有当一种与感觉力量相等的机敏表达出现时，这类人的非理性才会恍然大悟。

不善表达是内向型的特征之一。这一特征将被他的非理性挡在身后，然后通过冷静或消极的行为，以及对理性的自我抑制的形式来表达这种非理性。

这类人认为外部的世界与自己丰富多彩的内心世界相差太远，他们有时在内心中构建一个神奇的世界，在那里，人、动物、山河都是半神半魔的样子，尽管他们自己不这么认为，但那些东西已进入他的脑海，并在他的判断和行为中被充分表现出来。除了艺术之外，他感觉没有能使他施展才能的空间。外人认为他们沉默、安静、自制、随和，其实他们的思想和情感十分贫乏，是个非常单调的人。

当然，内向感觉型的人，如果具有出色的表现能力，就会成为主观表现欲极强的艺术家。可是，通常这种类型的人不仅不具备这种表现能力，反而不善于表现。因此，在第三者看来，这种人具有谨慎、被动、平静及理性的自我抑制等特征。

但是，如果仔细观察，就会发现这种人所采取的主观态度令人感到奇异，给人一种无视周围的人和事、无视外界的感觉。有时，他们也能接受、理解外部的信息，并反映在自己的行为方式上，但外界的作用不能到达本人心中。程度更强烈时，其感觉、方法和行动都脱离现实，体现出一种真正的奇特。而且，这种人不强迫周围的人理解并承认自己的感觉方式，而是满足于自己封闭的世界，满足于平衡而温和地与外部现实世界的接触。

因此，这种人一般对周围的人不会造成伤害，但容易成为他人攻击和支配的牺牲品。由于这种人不太关心他人怎样对自己，所以，即使被不适当地对待，也容易听之任之。即使被别人颐指气使，也会甘心忍受。但有时，他也意外地发挥其反抗和顽固性，以发泄自己的愤怒。

这种类型的人，由于易采取独自生活在幻想世界的生活态度，所以会脱离现实。强行推行自己的要求并开始发挥破坏性威力。一旦达到极端，就与"外向感觉型"一样，变成极端顽固的生活态度。

第六章

性格决定命运

命运掌握在自己手里

摊开你的手掌，你会发现，你的手掌上布满了在"算命学"和"相术"中决定命运的纹路线条，倘若这些纹路和线条真的能表示一个人的命运，那么，上帝将这个奥秘偏偏藏在我们每一个人的手心里是不是又很耐人寻味呢？那是因为上帝想告诉我们每一个人："命运，掌握在你自己手中。"

有一天，苏东坡和佛印两个人在杭州同游，两人信步走到了天丝寺，苏东坡看到寺内的观音菩萨塑像手里拿着念珠，就问佛印："观音菩萨既然是佛，为什么还拿念珠，这到底是什么意思？"

佛印说："拿念珠也不过是为了念佛号。"

东坡又问："念什么佛号呢？"

佛印说："也只是念观世音菩萨的佛号。"

东坡又问："他自己是观音，为什么要念自己的佛号呢？"

佛印回答道："那是因为求人不如求己呀！"

佛印的一句"求人不如求己"道出了命运的天机。很多时候，我们总是希望天上会掉馅饼，总是希望人生能有一个依靠，其实，很多人都不明白生命线就在自己的手心里，人生的一切都掌握在自己的手里。只有你可以替你自己选择和决定你的人生，不要总是期待不劳而获地拥有，因此，须主动找寻出自己最合适的位置与角色，不要苦等别人的安排；既然决定了，就不再三心二意，努力发挥百分之百的力量，终究能引出别人百分之百的回应。

我们想要的人生真的就掌握在我们手中，就看我们如何去经营。

　　每个人都是一座金矿，每个人都有无比巨大的潜能，而挖掘者就是自己。人生的命运就掌握在自己的手中，人生成功与否由自己决定。如果明白了这个道理，我们就不会因为自己是一个穷人、是一个下层人物而怨天尤人、牢骚满腹或愤愤不平，就不会受自卑困扰，懒得行动而坐以待毙。下定决心，奋斗，拼搏，勇往直前，成功就属于自己。

　　有这么一个人，他就是坚信命运掌握在自己手中，从而不断地努力，最终把握住了自己的命运并改变了自己的命运：

　　8 岁时，由于家庭原因，他必须自谋生计；

　　21 岁时，做生意失败；

　　22 岁时，角逐州议员失败；

　　24 岁时，做生意再次失败并欠下一大笔债，用了 17 年才还清；

　　26 岁时，伴侣去世；

　　27 岁时，曾一度精神崩溃，卧床半年；

　　29 岁时，候选州议员发言人失败；

　　34 岁时，角逐联邦众议员落选；

　　35 岁时，参加国会大选失败；

　　36 岁时，角逐联邦众议员再度落选；

　　40 岁时，连任众议员，失败；

　　41 岁时，任州土地局局长被拒绝；

　　45 岁时，角逐联邦参议员落选；

　　47 岁时，提名副总统落选；

　　49 岁时，角逐联邦参议员再度落选；

　　52 岁时，当选美国第十六任总统。

　　这个从生下来就一贫如洗，终其一生都挫折不断，两次经商均告失败，8 次竞选 8 次落选，甚至一度精神崩溃的人就是亚伯拉罕·林肯。

　　然而，一次次的失败并没有让他放弃，反而使他越挫越勇。也正是因为他坚韧的性格和不懈的努力，在他 52 岁时，终于成功地当选为美国第十六任总统。

　　无论面临生命中的任何问题、面对生活中的任何困难，我们都应该牢记我们的命运掌握在自己的手中，只要我们不断地去努力，我们不仅可以改造我们的性格，更能改变我们的命运。

性格是可以改变的

性格特征的形成，在很大程度上取决于遗传。生来就神经过敏的人，与普通人相比，大都容易产生感情和情绪的反应，而且常常表现为感情用事，难以控制自己。那些感觉敏锐的人，也容易产生不安和恐怖的情绪，这在很大程度上也是由于遗传性自律神经系统的生理过程所造成的。不过，性格特征的形成，不仅取决于遗传方面的因素，而且取决于环境因素——有的是从所处的环境中学来的。

因此，性格特征就"生来具备"而言，在一段相当长的时间里基本上不会发生什么变化，或者说由于形成得早，所以变化极其有限；而就"受环境影响"和"人在不断地趋于成熟"而言，是会发生变化的。这正如水流经过管道的时候，它的形状是管道的形状；生命流经个体的时候，它的形状就是个体思想的形状。

相传在古印度有这样一个故事：有一段时间，地球上所有的人都是神，但人类是如此罪恶并滥用神权，以至于梵天——众生之父，决定剥夺人类所拥有的神性，并把它藏到人们永远也不会重新发现的地方，以免他们滥用它。"我们将它深埋在地下。"其他神说道。"不，"梵天说，"因为人们会挖掘到地层深处并发现它。""那么，我们将它沉于最深的海。"神说道。"不，"梵天说，"因为人们会潜到海底发现它。""我们将它藏于最高的山上。"神说。"不，"梵天说，"因为人类总有一天会爬上地球的每座山峰捕捉到神性。""那我们实在不知道应把它藏在哪儿，人类才不会发现它。"一小部分神说道。"我告诉你们，"梵天说，"把它藏在人类身上，他们绝不会想到去那里寻找。"诸神赞成。

因此，我们每一个人只要从自身出发，找到藏在"自身"的"神性"，并用它来改造和完善我们的性格，那么，我们也将变得更完美。

俗话说："江山易改，本性难移。"其实并不尽然。人的本性是比较难改，但不是不能改变的。我国民族英雄林则徐为了改掉自己急躁的性格，曾在书房醒目处挂起自己亲笔书写的"制怒"的横匾，以此自警自戒，陶冶自己的情操。美国人本杰明·富兰克林也并非生来就具有完美的性格，在当时就有人曾批评富兰克林主观傲慢，他认真反思后，给自己立下了一条规矩：绝不正面反对别人的意见，也不准自己武断行事。他还给自己提出了具体改正的要求，以克服自己性格中的缺陷，这也正是他成功的一个秘诀。

其实，我们每一个人的性格中都有优点和缺点，但总是有很多人把自己性格上的弱点当成自己不成功的借口，拒绝跳出自己编织的网。我们往往忽略了我们完全可以通过改变自己的性格来重塑我们的人生，并取得成功。所以，我们必须学会突出自己的优势，改变性格中的缺陷，再加上自己的智慧和努力，相信成功很快就在眼前了。

用性格来改变你的人生

心理学研究结果表明，一个人性格的好与坏在很大程度上对其事业成功与否、家庭生活幸福与否、人际关系良好与否起了决定性的作用。健全的个性是事业成功的基础、家庭幸福的根基、人际关系良好的基石。21世纪是文化科技高速发展的时代，健全的个性是通向成功的护身符。

心理学家曾一再告诫世人：改善你的个性，健全你的个性，扼住命运的咽喉，做命运的主人。要改善自己的个性、健全自己的个性，前提是要认识自己的个性，找到自己性格中尚存在的缺陷，对症下药，为明天的成功铺一块基石。

欧玛尔是英国历史上著名的剑术高手，他有一个实力相当的对手，两个人互相挑战了30年，却一直难分胜负。有一次，两个人正在决斗的时候，欧玛尔的对手不小心从马上摔了下来，欧玛尔看见机会来了，立刻拿着剑从马上跳到对手身边，这时只要一剑刺去，欧玛尔就能赢得这场比赛了。欧玛尔的对手眼看着自己就要输了，因此感到非常愤怒，情急之下便朝欧玛尔的脸上吐了一口口水，这不但是为了表达自己的怒气，也是为了要羞辱欧玛尔。没想到欧玛尔在脸上被吐了口水之后，反而停下来对他的对手说："你起来，我们明天继续这场决斗。"欧玛尔的对手面对这个突如其来的举动感到相当诧异，一时间显得有点儿不知所措。

欧玛尔向这位斗了30年的对手说："这30年来，我一直训练自己，让自己不带一丝一毫的怒气作战，因此，我才能在决斗中保持冷静，并且立于不败之地。刚才，在你吐我口水的那一瞬间，我知道自己生气了，要是在这个时候杀死你，我一点儿都不会有获得胜利的感觉。所以，我们的决斗明天再开始。"

可是，这场决斗再也没有开始。因为欧玛尔的对手从此以后变成了他的学生，他也想学会如何不带着怒气作战。

试想，如果当初欧玛尔因对手的那口口水而一剑刺向对手，那么，他肯定成不了历史上著名的剑术高手，他的剑术也会因他易怒的性格而大打折扣。所幸的是，他平时在改造自己易怒的性格上的努力最终让他不仅赢得了胜利和荣誉，更赢得了对手的友谊。

改变性格所带来的除了技艺的精湛和人际关系的和谐外，往往能带来意想不到的商机，狮王牙刷公司的加藤信三便是很好的例子：

加藤信三是日本狮王牙刷公司的小职员。起床后，他匆匆忙忙地洗脸、刷牙，不料，匆忙中出了一些小乱子，牙龈被刷出血来了！加藤信三不由火冒三丈。因为刷牙时牙龈出血的情况已不止一次发生过了。他本想到公司技术部大发一通脾气，但走到半路上，他努力让自己的怒火平静下来，并开始回想自己刷牙的过程，才发现自己一直都太急躁，但同时加藤发现了一个为常人所忽略的细节：他在放大镜下看到牙刷毛的顶端由于机器切割，都呈锐利的直角。"如果通过一道工序，把这些直角都挫成圆角，那么问题就完全解决了！"于是，加藤信三一改往日的急躁、粗心，在一次次试验后终于把新产品的样品正式向公司提出。公司很乐意改进自己的产品，迅速投入资金，把全部牙刷毛的顶端改成了圆角。

改进后的狮王牌牙刷很快受到了广大顾客的欢迎。对公司做出巨大贡献的加藤从普通职员晋升为科长，十几年后成为了公司的董事长。

改变命运需要付出艰辛的努力

命运需要主动，性格需要打磨，要改变命运就要付出艰辛的努力。

自然状态下的铁矿石几乎毫无用处，但是，如果把它放入熔炉后进一步提纯，再进行锤炼和高温锻冶，放入一个模型之中，它就能制成优良的器具。

性格也一样，只有不停地打磨，克服不良的性格，实现性格优化，才能发挥它的作用，才能帮助自己获得成功。当然，这其中所需要付出的努力可想而知。

海伦刚出生的时候，是个正常的婴孩，能看、能听，也会牙牙学语。可是，一场疾病使她变成既盲又聋的小聋哑人，那时，海伦刚刚一岁半。

这样的打击，对于小海伦来说无疑是巨大的。每当遇到稍不顺心的事，她便会乱敲乱打，野蛮地用双手抓食物塞入口里。若试图去纠正她，她就会在地上打滚，乱嚷乱叫，简直是个十恶不赦的"小暴君"。父母在绝望之余，只好将她送至波士顿的一所盲人学校，特别聘请沙莉文老师照顾她。

一次，老师对她说："希腊诗人荷马也是一个盲人，但他没有对自己丧失信心，而是以刻苦努力的精神战胜了厄运，成为世界上最伟大的诗人。如果你想实现自己的追求，就要在你的心中牢牢地记住'努力'这个可以改变你一生的词，因为只要你选对了方向，而且努力地去拼搏，那么在这个世界上就没有比脚更高的山。"

从那以后，小海伦在所有的事情上都比别人多付出了数倍的努力。

在她刚刚 10 岁的时候，名字就已传遍全美国，成为残疾人士的模范，一位真正的强者。

若说小海伦没有自卑感，那是不确切的，也是不公平的。幸运的是，她自小就在心底里树起了颠扑不破的信心，完成了对自卑的超越。

小海伦成名后，并未因此而自满，她继续孜孜不倦地努力学习。1900年，这个年仅10岁，学习了指语法、凸字及发声，并通过这些方法获得超过常人知识的姑娘，进入了哈佛大学拉德克利夫学院学习。

海伦不仅学会了说话，还学会了用打字机著书和写稿。她虽然是位盲人，但读过的书比视力正常的人还多。而且，她著了7本书，她比正常人更会鉴赏音乐。

这个克服了常人"无法克服"的残疾的人，其事迹在全世界引起了震惊和赞赏。她大学毕业那年，人们在圣路易博览会上设立了"海伦·凯勒日"。

她始终对生命充满了信心，充满了热爱。

在第二次世界大战后，海伦·凯勒以一颗爱心在欧洲、亚洲、非洲各地巡回演讲，唤起了社会大众对身体残疾者的注意，被《大英百科全书》称颂为有史以来残疾人士中最有成就的由弱而强者。

美国作家马克·吐温评价说："19世纪中，最值得一提的人物是拿破仑和海伦·凯勒。"身受盲聋哑三重痛苦，却能克服残疾并向全世界投射出光明的海伦·凯勒，以及她的老师沙莉文女士的成功事迹，说明了什么问题呢？答案是很简单的：如果你在人生的道路上选择信心与热爱以及努力作为支点，再高的山峰也会被踩在脚下，你就会攀登上生命之巅。

每一个人在现实生活中都不可能是一帆风顺的，改变我们性格中固有的缺陷固然不是一件容易的事情，但如果我们能将努力作为我们的支点，那么，我们肯定可以登上成功的高峰。

第七章

良好的性格成就辉煌人生

自信性格：发动成功的引擎

心理学研究指出："自信是成功的首要必备条件。"试想，一个人若连自己都不相信自己，那么别人又如何去相信他？一分自信造就一分成功，十分的自信就造就十分的成功。自信具有非常神奇的力量，它能在无形中激发超乎你想象的内在潜力，将不可能变为可能。

数千年来，人们一直认为要在 4 分钟内跑完 1 英里是件不可能的事。不过，在 1954 年 5 月 6 日，美国运动员班尼斯特打破了这个世界纪录。他是怎么做的呢？每天早上起床后，他便大声对自己说："我一定能在 4 分钟内跑完 1 英里！我一定能实现我的梦想！我一定能成功！"这样大喊 100 遍，然后他在教练库里顿博士的指导下进行艰苦的体能训练。终于，他用 3 分 56 秒 6 的成绩打破了 1 英里长跑的世界纪录。

有趣的是在随后的一年里，竟有 37 人进榜，而再后面的一年里更高达 200 多人。

自信能如此神奇地激发人的潜能，当你面对也许你从未面临过的情况时，当你的决定遭到周围人反对时，当别人说你不行时，一定不要自暴自弃，如果你认为你的选择、你的决定是对的，就一定要相信你自己。因为你的自信，上帝给你预备了一份别人得不到的礼物。

威尔逊在创业之初，全部家当只有一台分期付款赊来的爆米花机，价值 50 美元。第二次世界大战结束后，威尔逊做生意赚了点钱，便决定从事地皮生意。

当时在美国从事地皮生意的人并不多，也不知道前景会怎样，而且他的亲朋好友都对此不看好。

而威尔逊对此有自己的看法，他认为以后的几年将是美国经济发展的新时期，地皮一定会很有发展。

于是，出于自信，威尔逊用手头的全部资金再加一部分贷款在市郊买下很大的一片荒地。这片土地由于地势低洼，不适宜耕种，所以很少有人问津。可是威尔逊亲自观察了以后，还是决定买下这片无人问津的荒地。他的预测是：美国经济会很快繁荣，城市人口会日益增多，市区将会不断扩大，必然向郊区延伸。在不远的将来，这片土地一定会变成黄金地段。

后来的事实正如威尔逊所料。不出 3 年，城市人口剧增，市区迅速发展，大马路一直修到威尔逊买的土地的边上。这时，人们才发现这片土地周围风景宜人，是人们夏日避暑的好地方。于是，这片土地价格倍增，许多商人竞相出高价购买，但威尔逊不为眼前的利益所惑，他还有更长远的打算。后来，威尔逊在自己这片土地上盖起了一座汽车旅馆，命名为假日旅馆。由于它的地理位置好、舒适方便，开业后，顾客盈门，生意非常兴隆。从此以后，威尔逊的生意越做越大，他的假日旅馆逐步遍及世界各地。

其实，自信的人，并不是处处比别人强，而是对事有把握，知道自己的存在有价值，知道自己对环境有影响力。他具有较强的自我管理能力，懂得如何安排自己的优势与弱势。在自信的心态下，他的优势更容易激发出来。这样的人自我认识接近客观，又怀有积极情绪，人的整体状态会得到最佳组合。相信大家都知道"毛遂自荐"的典故吧！毛遂本是一个小小的门客，但他对自己有清醒的认识并对自己非常有信心，最终自荐而为国效力，成为历史上的一段佳话。

当时，秦国大举进攻赵都邯郸。赵孝成王要平原君向楚国求救。

平原君打算带 20 名文武全才的人跟他一起去楚国。挑来挑去，只挑中 19 个人，他正在着急的时候，有个坐在末位的门客十分自信地站了起来，自我推荐说："我能不能来凑个数呢？"

平原君有点惊异，说："您叫什么名字？到我门下来有多少日子了？"

那个门客用坚定而自信的语气说："我叫毛遂，到这儿已经 3 年了。"

平原君摇摇头，说："有才能的人活在世上，就像一把锥子放在口袋里，它的尖儿很快就冒出来了。可是您来到这儿3年，我没有听说您有什么才能啊。"

毛遂说："这是因为我到今天才叫您看到这把锥子。要是您早点把它放在口袋里，它早就戳出来了，难道光露出个尖儿就算了吗？"

旁边的19个门客都认为毛遂在说大话，但平原君为他的自信和胆量所打动，决定带上毛遂一起去楚国。

由于楚王怎么也不同意出兵抗秦，眼看问题就快解决不了了，大家都很着急。这时毛遂不慌不忙，拿着宝剑，上了台阶，高声嚷着说："合纵不合纵，三言两语就可以解决了。怎么从早晨说到现在，太阳都落了，还没说停当呢？"他的语气中透出一股自信。

楚王被他坚定的语气震住了，便问平原君："这是什么人？"

平原君说："是我的门客毛遂。"

楚王一听是个门客，骂毛遂说："我跟你主人商量国家大事，轮到你来多嘴？还不赶快下去！"

毛遂按着宝剑跨前一步，自信而不屈地说："你用不着仗势欺人。我主人在这里，你破口骂人算什么？"

楚王看他身边带着剑，又听他说话那股自信劲儿，有点害怕起来，就换了和气的脸色对他说："那您有什么高见，请说吧。"

毛遂说："楚国有5000多里土地，100万兵士，原来是个称霸的大国。没有想到秦国一兴起，楚国连连打败仗，甚至堂堂的国君也当了秦国的俘虏，死在秦国。这是楚国最大的耻辱。秦国的白起，不过是个没有什么了不起的小子，带了几万人，一战就把楚国的国都——郢都夺了去，逼得大王只好迁都。这种耻辱，就连我们赵国人也替你们害羞，想不到大王倒不想雪耻呢。老实说，今天我们主人跟大王来商量合纵抗秦，主要是为了楚国，也不单是为我们赵国。"这一番话当即打动了楚王，马上同意了合纵联盟，出兵攻打秦国。

勇敢性格：无所畏惧地挺进

生活中总是有那么多的"不可能"驻扎在我们的心头，无时无刻不吞噬着我们的理想和意志，让我们一步步在"不可能"中离自己的梦想和目标越来越遥远。其实，有太多的"不可能"只不过是一只只"纸老虎"，只要我们拿出勇气来主动出击，那么，"不可能"也会变为"可能"。

J. 保罗·格蒂是石油界的亿万富翁，一位最走运的人，在早期他走的是一条曲折的路。他上学的时候认为自己应该当一位作家，后来又决定从事外交工作。可是，出了校门之后他发现自己被俄克拉何马州迅猛发展的石油业吸引，于是，他毫不犹豫地改行加入到蓬勃发展的石油业。年轻的格蒂是有勇气的，但不是鲁莽的。如果一次失败就足以造成难以弥补的经济损失的话，这种冒险的事他是不会干的。他头几次冒险都彻底失败了。但是在 1916 年，他碰上了第一口高产油井，这个油井为他打下了幸运的基础，那时他才 23 岁。

是走运吗？当然。然而格蒂的走运是应得的，他做的每一件事都没有错。那么，格蒂怎么知道这口井会产油呢？他确实不知道，尽管他已经收集了他所能得到的所有事实。"总是存在着一种机会的成分的，"他说，"你必须乐意接受这种成分；如果你一定要求有肯定的答案，那你就会捆住自己的手脚。"

廉·丹佛说："冒险意味着充分地生活。一旦你明白它将带给你多么大的幸福和快乐，你就会愿意开始这次旅行。"

只有善于抓住机会，并有勇气适度冒险的人，才会获得事业上的成功。有些人很聪明，对不测因素和风险看得太清楚了，不敢冒一点儿险，失去了应有的勇气，结果聪明反被聪明误，永远只能"糊口"而已。实际上，如果能从风险的转化和准备上进行谋划，并且有足够的勇气，则风险并不可怕。

凡是要成大事者都必须要像一只猛船在激流中挺进，这是因为——人生就像一条河，时而漩涡，时而平缓，时而湍急。你在河流当中，可以选择较安全的方式，沿着岸边慢慢移动；也可以停止不动，或者在漩涡中不停打转。如果你有足够的勇气的话，你还可以接受挑战，用挑战来检测你的自信心。历史上有名的巴顿将军就是用勇气成就了他的戎马一生。

1885年，巴顿诞生在一个军人世家，家庭环境的熏陶、正规的训练、先天的遗传基因，使巴顿与战争、军事结下终生不解的缘分。1906年，巴顿从美国著名的西点军校毕业，出任第一集团军第十五骑兵团少尉，正式开始了军旅生涯。

巴顿杰出的军事才能和古代骑士般的勇敢顽强很快让他得到了美国军界要员的青睐，由于他的表现优秀，其军阶不断得到提升。

战争和战场是军人大展个人才能的最佳场所，也是将军成长的最好的"摇篮"。军人是战争的伴生物，军人的天职之一是制止战争、保卫和平，但军人不惧怕战争，尤其是像巴顿这样有着勇猛性格的军人。

在第一次世界大战为数不多的战役中，巴顿表现出了军人的勇敢。他和士兵一起冒着枪林弹雨，冲锋陷阵。在大战结束前夕，巴顿肋部负伤，但他没有因伤退出战场，反而在伤口尚未愈合时，急于返回战场。他的勇敢在战争中得到了最好的体现。

战争结束后，巴顿很失落，他渴望战争能再度带给他人生的追求。

第二次世界大战中，在盟军准备开辟"第二战场"时，巴顿出任了第三集团军司令。巴顿如鱼得水般地活跃在战场上，他简直成了欧洲战场上纳粹的克星，他出现在哪里，哪里便成为纳粹的坟墓。在消灭法西斯的最后战争中，巴顿和他的第三集团军参战时间为281天，一直保持着100多英里宽的进攻正面，向前推进了1000多英里，解放了上万座城镇和村庄，消灭、俘虏敌军近150万人。这些第二次世界大战历史上的奇迹，既是人类军事史上辉煌的记录，也是巴顿的骄人战绩。

即使在"将星闪烁"的第二次世界大战期间，超过巴顿战绩的将帅也不过数人。这一连串的记录，再一次将巴顿推向了荣誉、人生的顶峰。

在巴顿身上，尤其是作为将军的巴顿，勇猛是他突出的优点，是他生命中的闪光点，曾为他赢得了声望和名誉。在巴顿那里，勇猛似乎代替了一切，而且勇猛确实让巴顿发挥了自己的才干，成就了他的辉煌的戎马一生。

博大性格：兼容并包的意境

关于博大，法国著名文学家雨果曾经说过这样一段既优美，又富有哲理的话："世界上最宽阔的是海洋，比海洋更宽阔的是天空，比天空更宽阔的是人的心胸。"一个人若能有一颗博大的心，那么，他便能去包容，便有宽宏的度量，对于朋友所犯的过失就能不计前嫌、一如既往。

苏联卫国战争初期，德军长驱直入。在此生死存亡之际，曾在国内战争时期驰骋疆场的老将们，如铁木辛哥、伏罗希洛夫、布琼尼等，首先挑起前敌指挥的重担。时势造英雄，一批青年军事家，如朱可夫、华西列夫斯基、什捷缅科等，相继脱颖而出。这中间，老将们思想上不是没有波动的。

1964 年 2 月，苏联元帅铁木辛哥受命去波罗的海，协调一、二方面军的行动，什捷缅科作为他的参谋长同行。什捷缅科早知道这位元帅对总参部的人抱怀疑态度，思想上有个疙瘩，心想："命令终归是命令，只能服从了。"等上了火车，一场不愉快的谈话开始了，铁木辛哥先发出一通连珠炮："为什么派你跟我一起去？是想来教育我们这些老头子，监督我们的吧？白费劲！你们还在桌子底下跑的时候，我们已经率领着成师的部队在打仗，为了给你们建立苏维埃政权而奋斗。你军事学院毕业了，自以为了不起了！革命开始的时候，你才几岁？"这番批评，已经近乎侮辱了，但什捷缅科老实地回答："那时候，刚满 10 岁。"接着，又平静地表示对元帅非常尊重，准备向他学习。铁木辛哥最后说："算了，外交家，睡觉吧。时间会证明谁是什么样的人。"

"时间证明论"最终被证明是对的。他们共同工作了一个月后，铁木辛哥突然说："现在我明白了，你并不是我原来认为的那种人。我曾想，你是斯大林专门派来监督我的……"

也许一个人的气量是大是小，在心平气和时较难鉴别，而当与他人发生矛盾和争执时，就容易看清楚了。气量宽宏的人，不把小矛盾放在心上，不计较别人的态度，待人随和；而气量狭小的人，往往偏要占个上风，讨点便宜。还有的人在和别人的争论中，当自己处于正确的一方，成为胜利者的时候，则心情舒坦，较为愿意谅解对方。但当自己处于错误的一方，成为失败者的时候，往往容易恼羞成怒，对人家耿耿于怀，这也是气量小的一个表现。朋友之间的争论是常有的，一个真正博大的人，不应该因为别人和自己争论问题而对人家耿耿于怀，更不应该因为别人驳倒了自己的意见而恼羞成怒。在我们日常生活的为人处世中，博大能让我们如鱼得水，在大事上，博大更是能成为解决一场纷争的关键。

一个成就大事的人，往往有着宽广的胸怀、博大的心胸，就像大海一样，有容乃大，一个人也会因为博大而包容一切，进而赢得成功。在历史上，由于博大而建功立业的名人不在少数，唐太宗李世民便是这其中的一位。

唐朝的"大"，离不开他的构建者——唐太宗，他是中国最杰出的英明君主之一，为中国开创了长达130年的黄金时代。

然而，唐太宗何以能取得如此成就呢？归根结底，还在于他性格的博大。唐太宗性格平静淡泊，内心敏慧，外表清朗，这一基本性格特征促使了他性格的博大，就像水一样随物赋形，变化万千，终于形成了大海。因此，他仁慈之时，对下属像父母对待子女一般；残忍之时，即使是兄长他也毫不留情。唐太宗的这一性格特征使他能游刃有余地应对任何复杂的事件。关于他性格的博大可以从下面几点看出。

唐太宗博大的胸襟开创了贞观时君主虚心听谏和臣下仗义执言的一代新风，这在专制社会历史上是难能可贵的。

他一方面迫切求谏，想把朝政治理好，一方面想维护自己的尊严，两者不可避免地发生冲突和矛盾。唐太宗时常处在这两种矛盾的交锋之中，同时是在他性格中的"大"与天性中的"小"的厮杀之中。早期的唐太宗总是能以他天空般辽阔的胸怀来接受臣下的批评，他深谙"得道者多助，失道者寡助，寡助之至，亲戚叛之；多助之至，天下顺之"的道理。当大臣们的谏诤言辞激烈、有切肤之痛时，太宗也时有大怒，但他的博大还是占了上风。相信他和名臣魏征的君臣故事很多人都耳熟能详了，唐太宗并非就对魏征一人博大，对别人也一样。

唐太宗大宴群臣，诗兴大发的他即席挥毫，赋得一首宫体诗。兴头儿上的太宗命大臣们奉和，最先被点到的是虞世南。虞世南当众毫不掩饰地说："陛下的大作果然不同凡响，刻意求工，神采飞扬，诗的内容却不高雅，为臣实在不敢奉和。俗话说'上有所好，下必更甚'，臣担心此诗传出宫去，天下争相模仿，浮华之风席卷而来，那后果是不堪设想的，因此，臣不敢遵命。"正在自鸣得意的太宗，被虞世南当着无数大臣的面儿泼了一盆冷水，当时的难堪可想而知，可是他还是及时地反省了自己。他知道虞世南的话很有道理，天下太平，不能不居安思危，盛宴欢歌将会挥霍民脂民膏，多少个朝代的败亡正是源于奢华。沉默片刻的太宗，不但没有生气，反而对虞世南进行了奖励。

唐太宗博大的胸怀在民族政策上更具王者风范，表现了居高临下、宽和仁厚的包容力。唐朝是中国多民族国家形成的重要历史阶段，而这一历史进程的开端，就是在唐太宗时期奠定的。唐太宗以泱泱大国的气势征服了周边国家，用他博大的胸襟把各个民族团结在大唐帝国周围。于是，京都长安不仅是国内各民族的大都会，也成了世界性的大都会，形成万国来朝的鼎盛时代。此期间，国家实现了统一，版图空前扩大，中国专制社会登上了"治世"的巅峰，其政治之清明，国家之强盛为历代专制王朝所罕见。

"海纳百川，有容乃大"，一个没有博大心胸的人是成就不了大事的，从现在开始，从我们身边的一点一滴开始，注重培养我们博大的性格，用我们博大的心胸来包容世间万象。

刚毅性格：不屈的动力

钻石可谓自然界最坚硬的岩石，它不仅坚硬无比，更是光芒四射，就因为钻石的光芒和它的无坚不摧，所以钻石也可谓价值连城。而人若具有钻石一样无坚不摧的性格，像钻石一样刚毅，那么，成功也肯定已经离他不远了。

也许会有许多人把自己的成功与失败归咎于运气，刚毅的人却相信自己的努力。刚毅型的人多是主动去寻找成功的机会，他多有自强不息的精神和积极向上的心态，这也是刚毅型性格的人容易成功的最大原因。

希拉里·克林顿便是最为典型的一例。希拉里出生于天主教家庭，从小父母的严厉使她形成刚毅的性格。她上小学时，有一次被其他几个女同学欺负，头发被扯得乱七八糟，脸上也留下了明显的痕迹，结果回家站在门口不敢进门。她妈妈见了后，没有心疼她，反而说，我们家没有懦弱的人，你现在回去再跟她们打，什么时候打赢了，什么时候再回来。希拉里从小各方面都很优秀，上小学时，是班上唯一的全 A 学生，但她父亲每次见到拿回的成绩单，总是淡淡地说，这个学校不太严厉。在其父母如此严厉的管教之下，希拉里刚毅的性格逐渐形成，成为她成功的一个重要的因素。

在困难面前，刚毅的性格更能够使人表现出超越常人的一面，它能使一个人在经历重重磨难的洗礼后迎来新生的太阳。

珍妮特·李是一位世界顶尖的台球女选手。她在美国女子职业台球联盟中征战不到一年，便成为世界 10 位顶尖女子职业球手之一。

可是谁又能想象这样辉煌的她曾经受到过的磨难呢？她 4 岁患肿

瘤，11 岁腿上生脓肿，12 岁发现得了脊柱侧弯，13 岁在脊椎里埋植了两根钢条。之后她又因颈部椎间盘突出、肩膀二头肌腱炎等经历了多次手术。至今她仍不能弯腰，也无法扭动身子。但她还是重新站了起来，并且恢复得令人难以置信。用她自己的话来说，上天如此安排，不是为了压垮她，而是让她在爬起来之后有柳暗花明的一刻。

她能取得今日的成就，不仅仅是因为天赋，最重要的是坚持到底的信念。生活中每个人都会经历许多挫折，有的人会选择屈服让步，有的人却坚持走到最后。昔日遭受的重重苦难并不能阻挡珍妮特·李对台球的热爱和追求。相反，她认为上天如此安排也许正是对她的眷顾——是为了让她一次次地爬起来，让她的意志和信念磨炼得比金属支架更加刚毅。

刚毅的性格一旦形成，便会对人的一生产生巨大的影响，并且会给他人留下深刻的印象，而成大事者具备了刚毅的一面更加能力挽狂澜。被誉为"铁娘子"的撒切尔夫人就是这样的一个人。

在英国现代史上，撒切尔夫人作为唯一的女性首相而闻名于天下。她以果断刚毅、毫不妥协的工作作风被人们誉为"铁娘子"，不仅在英国政界，而且在国际政治舞台上获得了极高的评价。

撒切尔夫人原名玛格丽特·希尔达·罗伯茨，她的父亲对她成长的影响非常大，父亲常教导她做事必须有目标、有自己的主意，不能跟着别人走。

从牛津大学毕业后，玛格丽特已经是保守党组织活动的积极分子，1946 年被推举为保守党俱乐部主席，后来正式加入了保守党。她深受保守党的政治熏陶，钦佩丘吉尔首相，立志要做丘吉尔那样的人。但她深深地知道，在英国这样一个传统观念浓厚的国度里，一个女人跻身政界，在男人一统天下的国度里要想获得一席之地是很困难的，但对她来说也意味着更富有挑战性。

1959 年，撒切尔夫人成为保守党下院议员。这是她迈向理想的人生之路的第一步。1971 年，撒切尔夫人出任英国教育大臣，成为保守党历史上第二个进入内阁的女性。

任职以后，她针对教育中的弊病提出了各种改进意见。但她的教育政策为很多人所不喜欢，甚至触犯了众怒。但撒切尔夫人没有因社会舆论和各界的压力而改变初衷，她说："我照旧会做下去。"

1975 年，她竞选保守党领袖获得成功，成为首相的候选人。在 1979 年的大选中，保守党以压倒性多数胜出，撒切尔夫人成为英国历史上第一位女首相。在英国历史上，前后共有 6 位女王入主英国王室，而上、下两院，政府是清一色的男性，撒切尔夫人成为唐宁街 10 号的主人，这成为英国政治史上的一件大事。

1990 年年底，撒切尔夫人已经当了 11 年半的首相。人们对这位"铁娘子"的看法多种多样，英国经济的改观不大，人们对她的"铁"作风表示疑虑。在保守党内，由于在工作上的专断、听不进不同的意见，她在党内的威信已有所降低。

1990 年首相竞选，撒切尔夫人正在法国进行访问，她得知自己因仅差 4 票没能获得压倒多数的消息。整个访问期间，撒切尔夫人都表现出一个职业政治家的高度的自我克制力。她对身边的工作人员说，她要继续参加下一轮竞选。撒切尔夫人的刚毅性格使人相信，不到最后一刻她是不会放弃的。回国后，撒切尔夫人为挽回败局，做了种种努力，但得到的支持不多，她感到了前所未有的失望和孤立。1990 年 11 月 22 日，撒切尔夫人宣布不再参加第二轮竞选。

撒切尔夫人是 20 世纪国际政治舞台上的风云人物，也是杰出的女政治家。"铁娘子"的称谓，展示了她固有的刚毅个性。

精细性格：赢在细节

精细性格，精细而明达。

这一性格的人精于盘算，细于筹划，他们冷静而机智，客观而善变。他们总是十分务实，不善虚谈，他们又常常能以小见大，由一点一滴盘算筹划出大江大海，而且非常注重不被常人关注的细节。具有这种性格的人往往能从细节中获得机遇，从而赢得商机或取得成功。

对于细节的重要性，西方有一首民谣对此作了形象的说明：

丢失一个钉子，坏了一只蹄铁；

坏了一只蹄铁，折了一匹战马；

折了一匹战马，伤了一位骑士；

伤了一位骑士，输了一场战斗；

输了一场战斗，亡了一个帝国。

名人之所以为名人，其实没有什么特别的，他们只不过是比普通的人更多地注重一些细节问题而已。

密斯·凡·德罗是20世纪世界最伟大的建筑师之一，在被要求用一句概括的话来描述他成功的原因时，他只说了5个字："魔鬼在细节。"这强调，不管你的建筑设计方案如何恢宏大气，如果对细节的把握不到位，就不能称之为一件好作品。细节的准确、生动可以成就一件伟大的作品，细节的疏忽同样会毁坏一个宏伟的规划。

看不到细节或者不把细节当回事的人，对事情只能是敷衍了事。这种人无法从细节中看到机遇。他们只能永远做别人分配给他们做的工作，甚至这样也不能把事情做好。而考虑到细节、注重细节的人，不仅认真对待工作，将小事做细，而且注重在做事的细节中找到机会，从而使自己走上成功之路，这其实也是贫富的差距所在。

现代商业的成败，在很大程度上已经由细节来决定了，这就从客观上要求人们具有精细性格。只有一个具有精细性格的人才能注意到细节问题，将眼光放在很重要的小处，从而防微杜渐。这种性格的人很适合从商。因为他们具备作为一个成功商人所需要的细心与精明。世界上不少成功的商人无疑都具备了精细的性格。

洛杉矶奥运会组委会主席尤伯罗斯可谓商界奇才，在洛杉矶奥运会的筹办中显示出他惊人的才华。洛杉矶奥运会成为世界历史上第一个由私人而不是由政府承办的奥运会，奥运会赢利1.5亿美元，改变了以往历史上奥运会巨额亏损的局面，这一切得益于尤伯罗斯的精于计算和缜密的筹划。

1937年，彼得·尤伯罗斯出生于伊利诺伊州的埃文斯顿，父亲是个房地产商。他的母亲很早就去世了，他是由姐姐和继母抚养长大的。他从小喜欢社会活动，他曾经移居过几个州，都参加过社会劳动。上高中时，他曾组织过夏令营的水上运动，后来他还担任了儿童俱乐部的管理人。

大学毕业后，尤伯罗斯到奥克兰机场工作。他干过很多事情，运行李、做广告、卖票、检票、到旅馆里去叫醒机组人员，这一切都令他感兴趣。

1962年，尤伯罗斯决定开始开办自己的企业。很快，他在好莱坞开创了一家国际运输咨询公司，在他的精明管理下，公司迅速发展起来。5年后，他买下了著名的"问梅斯特先生旅游服务公司"。几年后，他的旅游公司发展成为在全世界拥有200多个办事处、1500多名员工的北美第二大旅游公司，年收入约2亿美元。

1978年，在洛杉矶的一次会议上，国际排球协会主席沃尔帕和其他6人组成的市长委员会正在物色一个人物，这个人物必须有能力组织民间举办的1984年第23届夏季奥运会。民间组织奥运会，这是现代奥运史上的一个创举。

沃尔帕在审查候选人时忽然想起了尤伯罗斯，因为尤伯罗斯曾指责沃尔帕用"好莱坞式"办体育太浪费，他曾提出既节约又有实效的方法，但没有被沃尔帕接受。

1979 年，尤伯罗斯就任组委会主席时，银行里连一个户头都没有。他用 100 美元立了一个户头。组委会的办公室设在库尔沃大街的一个由厂房改建的建筑物内。

组委会只有 200 多名正式工作人员，而 1976 年的加拿大蒙特利尔奥运会有 2000 多名。来到这里的工作人员必须精明能干而且遵守纪律。否则就会被坚决辞掉。

尤伯罗斯上台后公开宣称，政府不掏一分钱的奥运会将是有史以来财政上最成功的一次。他预计只需投资 5 亿美元，最多不会超过 10%，而且会赢利。这使得不少举办过奥运会的人目瞪口呆。1976 年蒙特利尔奥运会亏损高达 10 亿美元。1980 年的莫斯科奥运会耗资达 90 亿美元。

尤伯罗斯发现举办奥运会可以充分发挥现有的设施，搞新建设，各个项目直接由赞助者提供最优秀的设施。

尤伯罗斯在 100 多家赞助者中选定了 23 家赞助公司。其中包括准备花 900 万美元整修纪念体育场的大西洋西奇弗尔德公司，投资 500 万美元建造新游泳池的道格拉斯公司和可口可乐饮料公司，列维服装公司，联合航空公司等著名公司以及颇具影响的美国《体育画报》。他们许诺将使洛杉矶奥运会使用最先进的体育设施。

尤伯罗斯与美国全国广播公司签订了最大一笔协议，他反复研究和计算了前两届奥运会电视转播的价格以及美国电视台各种广告的价格，最后以 2.5 亿美元的高价，把奥运会的电视转播权卖给了美国全国广播公司。尤伯罗斯还以 7000 万美元的价格把奥运会的广播转播权卖给了美国、欧洲、澳大利亚等。从这开始，广播电视免费转播体育比赛的惯例被打破了。

通过电视转播，几乎全世界的人都观看了这届奥运会。

在奥运会结束之后的记者招待会上，尤伯罗斯宣称奥运会将有赢利。后来经过统计，本届奥运会赢利 1.5 亿美元。

尤伯罗斯以他精明的头脑，细致的分析和计算，成为人们所称道的商界奇才。他把体育和经济紧紧地联结在一起，为奥运会以后的发展创造了奇迹。

顽强性格：在逆境中崛起

人的一生是不可能一帆风顺的，总会存在着这样或者那样的挫折和困难。也正因为如此，很多人在面对挫折与困难时丧失了挑战的勇气，从此甘于平庸；有些人则凭着自己顽强不屈的性格勇敢地挑战挫折和困难，并最终取得了胜利。

有一位智者曾经说过，你不可能遇到一个从来没有遭受到失败或打击的人。他同样发现，人们的成就高低，和他们遭遇逆境、克服失败和打击的程度成正比。人生有两项重要的事实是非常明显的：第一，每个人都会遇到逆境。第二，失败中总有成功的契机，但是你必须自己去发掘。从这两项事实中，不难看出造物者要我们由奋斗中获得力量，领悟由弱而强的真义——逆境及失败使我们累积智慧、努力不懈，是一个人由弱而强的"金种子"。

还真有这么一个硬汉，在种种逆境中凭着一股顽强的斗志硬是渡过了所有的难关，并最终成就了一番事业。他14岁走进拳击场，满脸鲜血，可他不肯倒下；19岁走上战场，200多块弹头弹片，没有让他倒下；无数的退稿、无数的失败，无法打倒他；两次飞机失事，他都从大火中站了起来；最后，因不愿成为无能的弱者，他用猎枪打死了自己。他就是美国杰出的小说家、诺贝尔文学奖获得者海明威。

1899年7月21日，海明威出生于美国伊利诺伊州芝加哥市郊的橡树园镇，他10岁开始写诗，17岁时发表了他的小说《马尼托的判断》。上高中期间，海明威在学校周刊上发表作品。

14岁时，他曾学习过拳击，第一次训练，海明威被打得满脸鲜血，躺倒在地。但第二天，海明威还是裹着纱布来了。20个月之后，海明威在一次训练中被击中头部，伤了左眼，这只眼的视力再也没有恢复。

1918 年 5 月，海明威志愿加入赴欧洲红十字会救护队，在车队当司机，被授予中尉军衔。7 月初的一天夜里，他的头部、胸部、上肢、下肢都被炸成重伤，人们把他送进野战医院。他的膝盖被打碎了，身上中的炮弹片和机枪弹头多达 230 多片。他一共做了 13 次手术，换上了一块白金做的膝盖骨。有些弹片没有取出来，到去世都留在体内。他在医院躺了 3 个多月，接受了意大利政府颁发的十字军勋章和勇敢勋章，这一年他刚满 19 岁。

1929 年，海明威的《永别了，武器》问世，作品获得了巨大的成功。成功后的海明威便开始了他的新的冒险生活。1933 年，他去非洲打猎和旅行，并出版了《非洲的青山》一书。

1936 年，写成了短篇小说《乞力马扎罗的雪》和《麦康伯短暂的幸福生活》。

1939 年，他完成了他最优秀的长篇小说《丧钟为谁而鸣》。

日本偷袭珍珠港后，海明威参加了海军，他以自己独特的方式参战，他改装了自己的游艇，配备了电台、机枪和几百磅炸药，他在古巴北部海面搜索德国的潜艇。

1944 年，他随美军在法国北部诺曼底登陆。他率领法国游击队深入敌占区，获取大量情报，并因此获得一枚铜质勋章。

海明威在他的作品中塑造了一系列"硬汉子"——打不败的人，这是海明威所追求的永恒的东西，这就是人坚毅的品格、顽强的精神。

他靠着顽强的性格战胜了一切在常人看来是不可能战胜的困难和挫折。就在他生命的最后，海明威鼓足力量，做了最后的冲刺。1952 年发表的中篇小说《老人与海》给他带来了普利策文学奖和诺贝尔文学奖的崇高荣誉。《老人与海》中的老人是海明威最后塑造的硬汉形象。那位老人遇到了比不幸和死亡更严峻的问题：失败，老人拼尽全力，只拖回一具鱼骨。"一个人并不是生来就要给打败的，你尽可以消灭他，可就是打不败他。"这是老人的话，也是海明威人生的写照。

其实，成功者并不一定都具有超常的智能，命运之神也不会给予他特殊的照顾。相反，几乎所有成功的人都经历过坎坷，都是命运多舛，而他们是从不幸的逆境中奋然前行。其关键在于成功的人有着顽强拼搏的性格，这种顽强的精神让他们在困难和挫折面前不会消沉、不会堕落，反而让他们越挫越勇，最后成为"真的猛士"，并在历经艰难险阻、风风雨雨后收获了一片属于自己的阳光。

记住莎士比亚曾经写下的一句话：

"当太阳下山时，每个灵魂都会再度诞生。"

再度诞生就是你把失败抛到脑后的机会。恐惧、自我设限以及接受失败，最后只会像诗中所说的，使你"困在沙洲和痛苦之中"。你完全可以借着你的顽强来克服这些弱点，你要在你的心里牢记每一次的逆境、挫折、失败以及不愉快的经历，都隐藏着成功的契机，上帝就是利用失败及打击来让我们变得更加顽强，从而能真正承担我们活着的使命。

个人尚且如此，那么一个民族呢？如果一个民族中缺乏顽强的性格，就会过早地被迫退出历史舞台，只有强者才能立于世界民族之林。

有史以来，被压迫、被驱赶，简直是犹太人注定的命运。然而犹太人产生过许多最可贵的诗歌、最巧妙的谚语、最华美的音乐。

对于他们，"痛苦如春日的早晨，虽带霜寒，但已有暖意；天气的冷，足以杀掉土中的害虫，但仍能容许植物的生长"！

也正是因为他们的民族性格中的顽强让他们挺过了战火纷飞的年代，走过了颠沛流离的岁月，最终建立了属于自己的家园。

诚信性格：一诺千金

　　诚是一个人的根本，待人以诚，就是信义为要。精诚所至，金石为开。荀子说："天地为大矣，不诚则不能化万物；圣人为智矣，不诚则不能化万民；父子为亲矣，不诚则疏；君上为尊矣，不诚则卑。"诚能化万物，也就是所谓的"诚则灵"，这正说明了诚的重要性。古代有个叫卓恕的人，为人十分守信用。他曾从建业（今江苏南京）回会稽（今浙江绍兴）老家，临走的时候与师傅诸葛恪约定，某日再来拜会。到了那天，诸葛恪设宴专等。赴宴的人都认为从会稽到建业相距千里，路途之中很难说不会遇到风波之险，怎能如期。可是，"须臾恕至，一座皆惊"。

　　诚信为天下第一品牌。以诚待人，是成大事者的基本做人准则。做人做事，都要讲"诚信"二字，养成诚实守信的习惯，这样必能获得成功的青睐。

　　李嘉诚是香港首富，关于他的成功之道，已有很多书都做了记载。但其实他的核心成功秘诀只有一个字——诚。正如他所说："我绝不同意为了成功而不择手段，如果这样，即使侥幸略有所得，也必不能长久。"他还经常这样教导他的子女："一生之中，最重的是守信。我现在就算再有多10倍的资金也不足以应付那么多的生意，而且很多是别人主动找上来的，这些都是为人守信的结果。对人要守信用，对朋友要有义气，今日而言，也许很多人未必相信，但我觉得'义'字，实在是终生用得着的。"

　　也许，诚信可能会给我们带来一些眼前利益的损失，但它也必将为长远带来丰厚的回报。

　　1985 年夏末，吴志剑怀揣 800 元钱，带着 7 个弟兄到深圳闯世界。一次意外的机会，吴志剑承包了华东商场。在他的苦心经营下，商场的生意日渐红火。于是吴志剑决定做一笔较大的生意，这便是经营电冰箱，销往东北的哈尔滨和大庆等地。产品销出后，不久，有了反馈信息。有的顾客说噪声大，制冷效果不理想。吴志剑和 7 个弟兄一起研究这个问题。根据合同规定的，对方已经验货，责任就该自负，吴志剑他们没有责任。但是吴志剑认为对顾客负责，就是对自己负责。问题的实质是冰箱的确有问题，应该对顾客负责。吴志剑决定全部予以退换。这一次就退换了 17 台，华东商场损失了上万元。

　　但事情未就此结束，吴志剑的这一动作，感动了不少消费者，一下子美名传播开来。一名港商得知此事后便慕名而来，一次就与吴志剑签订了 1 万台日立冰箱的合同，并且在合同上规定了"先销货，后付款"。吴志剑在这笔生意中利润丰厚。

　　此后不久，吴志剑又与日商签订了 15 万美元的活文蛤的合同。运送活文蛤的货轮因遭遇台风而未能按期到达，因时间拖延而使活文蛤大半死亡。吴志剑二话没说，首先想到客户的利益，马上组织力量收购活文蛤，而且高出原来价格的部分均由自己承担。吴志剑的这种行为使日商大有感触，日商把他们在中国 1000 万美元的订货业务全都委托给了吴志剑。吴志剑的诚信得到了巨额回报，成为商界争相效仿的楷模。

　　诚信的力量在商业领域是如此巨大，带给了那些讲诚信的商人无限的商机。而作为一个人，无论在什么事情上，都应该将诚信作为做人的第一准则。诚信的性格往往能从根本上体现出一个人的道德修养，凡成就大事者，没有一个不具有诚信的性格。美国著名的总统林肯便是一位以诚信而著称的名人。

　　林肯的一生都保持着谦逊诚信的品格，从来没有作践过自己的人格，从来不糟蹋自己的名誉。

　　1856 年，林肯正在竞选大厅演讲的时候，一个人一边喊叫着，一边离开了大厅："我是不会听他的话的，因为我无论如何不会喜欢一个让我相信他超过相信我自己的人。"

当时，"诚实的亚伯拉罕·林肯"在美国，甚至到现在，都已经成为正义与诚信的代名词了。

当林肯刚进入法律界的时候，他还很贫穷。一天，一个邮局的负责人来拜访这位年轻的律师，因为林肯刚刚做过一段时间的邮政员，手头还有一笔邮局的钱，而这个人就是来跟他结清账目的。跟这位负责人同来的还有亨利博士，因为他相信林肯这时肯定没钱，所以准备特地来贷款给他。这时，林肯先出去了一会儿，他回到了自己的住处，然后很快就回来了，手里提着一个破旧的袋子，里面是邮局预付给他的 17.60 美元。林肯所要还给邮局的正是这个数目，并且正是当初给他的那些钱。对于不属于自己的金钱，林肯从来不肯动用，即使是临时动用。

"你得先预交 3 万美金，"他跟一个向他咨询关于一块土地纠纷案件的当事人说。"但是我弄不到那么多钱。""那我替你想办法。"林肯说。随后，林肯去了一家银行，告诉银行出纳说他要提 3 万美金，并补充说："我一两个小时以后就会送回来。"出纳二话没说就把钱给了他，甚至连张收据都没填。

"除非他确信当事人的案子会赢，否则林肯先生是不会接手的。"伊利诺伊州斯普林菲尔德的一名律师这样说，"而且法庭、陪审团和检察官都知道，只要亚伯拉罕·林肯出庭，那他的当事人肯定是站在正义与诚信的一方。我并不是站在政治的立场上来说这番话的，因为我们属于不同的党派，事实的确如此。"

在林肯做店员的时候，也正是由于诚信的品质，才驱使他跑了6英里的夜路，去归还一位夫人的零钱，而不是等到下次找机会再还她。也正是因为如此，才使得"诚实的亚伯拉罕成为人性中最高贵品质的代表"。

林肯的盟友曾经从芝加哥给他发电报告诉他，只有保证能够同时获得两个敌对代表团的选票，他才有可能被提名为候选人，但是要想得到这两个选票必须向他们承诺在将来的内阁中都给他们一定的职位。林肯回答说："我不会同他们讨价还价的，也不会受制于任何势力。"他具有追求诚信与荣誉的个性，认为人格上的污点比伤疤还难看。

个性中的诚信是事业上最可靠的资本。如果一个人在刚踏入社会的时候，便决心把建立自己的品格作为以后事业的资本，做任何事情，都无悖于养成诚信个性的要求，那么，即使他无法获得盛名与巨大利益，但终不至于失败。

谦虚性格：虚怀若谷的境界

一提到谦虚，也许会有许多人对于这个重要的性格不以为然。事实上，谦虚是一种积极有力的个性，如果妥善运用，能够使人类在精神上、文化上或物质上不断地提升与进步。

谦虚是基督教义的精髓。因为谦虚，甘地使印度独立自由，施韦策为非洲人创造了更美好的世界。

谦虚是人性中的美德，也是驯服人、驾驭人的最大要领。

楚汉相争中的刘邦就是因谦虚而赢得民心，大败了刚愎自用的项羽。刘邦首次见郦食其时，正让两位女子替他洗脚，郦食其责备他以长者的态度见人，刘邦马上停下，站起来表示感谢，并从此改变了傲慢的态度，而以礼对人。所以郦食其为他誓死效力。

不论你的目标为何，如果你想要获得成功，谦虚都是必要的个性。在你到达成功的顶峰之后，你会发现谦虚更重要。只有谦虚的人才能得到智慧。

为了启发人们谦虚处世，俄国的列夫·托尔斯泰也打了一个很有意思的比方："一个人就好像是一个分数，他的实际才能好比分子，而他对自己的估价好比分母，分母越大，则分数的值越小。"

伟大的科学家牛顿在他取得了科学领域的巨大成就之后，说出了这样一段话："在知识的海洋里，我只不过是大海边的一个顽童，时不时地拾起沙滩上散落的珍珠和贝壳。"而当人们感叹他的成就时，他谦虚地说道："我之所以看得比别人更远，是因为我站在巨人的肩膀上。"

因此，一个人不管自己有多丰富的知识，取得多大的成绩，推而广之，或是有了何等显赫的地位，都要谦虚谨慎，不能自视过高。应心胸宽广，博采众长，不断地丰富自己的知识，增强自己的本领，进而获得更大的业绩。如能这样，则于己、于人、于社会都有益处。成功者尚且谦虚，更何况我们这些正为成功而拼搏的人呢？

成功以后的谦虚方显一个人的品格，而在成功之路上的谦虚更让人觉得可贵，因为这时的谦虚往往会造就未来的成功。世界石油大王洛克菲勒的巨大成功就是在他取得一个个小小的成功的基础上因为谦虚而不断进取的结果。

洛克菲勒在谈到他早年从事煤油业时，曾这样说道："在我的事业渐渐有些起色的时候，我每晚把头放在枕上睡觉时，总是这样对自己说：'现在你有了一点点成就，你一定不要因此自高自大，否则，你就会站不住，就会跌倒。不要因为你有了一点儿开始，便俨然以一个大商人自居了。你要当心，要坚持着前进，否则你便会神志不清了。'我觉得我对自己进行这样亲切的谈话，对于我的一生都有很大的影响。我恐怕自己受不住成功的冲击，便训练自己不要为一些愚蠢思想所蛊惑，觉得自己有多么了不起。"正是这种谦虚的性格让洛克菲勒一直都没有停下拼搏的脚步，直到他成为世界石油大王。

真正的谦虚，是自己毫无成见，思想完全解放，不受任何束缚，对一切事物都能做到具体问题具体分析，采取实事求是的态度，正确对待；对于来自任何方面的意见，都能听得进去，并加以考虑。这样的人能做到在成绩面前不居功，不重名利；在困难面前敢于迎刃而上，主动进取。他们的谦虚并不是卑己尊人，而是既自尊，也尊人。

一个容器若装满了水，稍一晃动，水便溢了出来。一个人若心里装满了骄傲，便再也容纳不了新知识、新经验和别人的忠言了。长此以往，事业或者止步不前，或者猝然受挫，故古人云："满招损，谦受益。"如果一个人懂得了用一颗谦虚的心去对待生活，不管是在成功的时候，还是在失败的时候，那么，谦虚一定会让他的生活更加充实，而他在人生的旅途中收获的也将不仅仅是成功。

富兰克林在他早年研究太阳热量的实验中，就已显示了他的通向科学的实践之路。他发现穿的衣服颜色越深，吸收的热量越多，而浅颜色的衣服会反射太阳的热量，他为此专门设计出夏天穿的白色亚麻服装。而现在很少有人知道这一原理的发现者是富兰克林。

尽管他的很多想法来自于很多实验，但他从不为他的科学观点和其他科学家争辩。他说："我把这些留给世界，如果这些观点是对的，事实和实践会支持这些观点，如果这些观点是错的，那些反对这些观点的人应该证明出这些错误，并且放弃它们。"

在富兰克林之后的一代人从他的科学结果中获得了很多好处。在电子领域的实践，例如，风筝和闪电的冒险经历都是非常著名的，这使他于1752年发明了避雷针。

在随后的几年里，富兰克林继续从事他的政治活动。除了继续他的科学活动外，他成为争取自由和人权斗争的主要领导人。1776年，当殖民地的美国开始为独立而斗争时，富兰克林去法国做了美国第一任大使。在法国的9年里，他和欧洲的科学家建立了密切的联系。他甚至对征服空气产生了兴趣，因为他曾看见过氢气球飞上了天。

可以说，他的发明创造无所不有、无所不在。他发明了口琴、路灯。他是政治漫画的创始人。他作为游泳选手也很有名。他是出租文库的创始人。他发现了墨西哥的海流，他提议夏季作息时间。他4次当选为宾夕法尼亚的州长。他制定出《新闻传播法》。他最先绘制出暴风雨推移图。他首先组织道路清扫部。他发现了电和放电的同一性。他是美国最早的警句家。他是美国第一流的新闻工作者，也是印刷工人。他创造了商业广告。他发明了两块镜片的眼镜。他是《简易英语祈祷书》的作者。他是英语发音的最先改革者。他发现人们呼出的气体的有害性，他最先解释清楚北极光，他还被称为近代牙科医术之父。他最先组织消防厅。他创设了近代的邮信制度。他设计了富兰克林式的火炉。他想出了广告用插图。他创立了议员的近代选举法。他向美国介绍了黄柳和高粱。他发现了感冒的原因。他创造了换气法。他发明了颗粒肥料。

富兰克林的确是不可多见的世界伟人。但他是非常谦虚的，他在自己墓志铭的草稿上明确写下自己是印刷工人，但未被采用。

这个墓志铭是富兰克林当印刷工人时所写的，当时他只有22岁："印刷工人本杰明·富兰克林的遗体，恰如表面已经破损、金字已经剥

落的旧书封皮一样，为了成为虫食而躺在那里。可是，他的遗业是不
会消失的，正如他所相信的那样，一定会由于作者的校订、改正，再
次以新的形式、更加美丽的姿态出现。"

可以说，富兰克林的一生都是十分谦虚的一生，他为人类做出了
那么多的贡献，我们对此却知之甚少。尤其是他的墓志铭，不得不让
我们对这位谦虚的伟人肃然起敬。

乐观性格：笑览众山小

所谓乐观，是指面对挫折仍坚信情势必会好转。乐观是让困境中的人不气馁、不沮丧的一种心态。乐观也和自信一样使人生的旅途更顺畅。乐观的人认为失败是可改变的，结果是能转败为胜的。悲观的人则把失败归咎为个性上无力改变的恒久特质。不同的解释对人生的抉择造成深远的影响。举例来说，乐观的人在求职失败时多半会积极地拟订下一步计划或寻求协助，即视求职的挫折为可补救的；反之，悲观的人会认为已无力回天，也就不思解决之道，亦即将挫折归咎于本身恒久的缺陷。

斯坦福大学心理学教授艾伯特·班特拉对能力感的乐观性颇有研究。他说："一个人的能力深受自信的影响。能力并不是固定产生，能发挥到何种程度有极大弹性。能力感强的人跌倒了能很快爬起来，遇事总是着眼于如何处理而不是一味担忧。"可见乐观是健康成长和良性发展的必要契机。

"文革"期间，著名作家沈从文被下放到多雨的湖北咸宁劳动改造，饱受痛楚。可沈从文毫不在意，在咸宁给他的表侄、画家黄永玉写信说：

"这儿荷花真好，你若来……"

就这样一句普普通通的"荷花真好"，竟使那段苦难的日子飘荡着荷花的芬芳，令人以为多雨泥泞的咸宁是王孙可游的人间仙境呢！看似平淡的语句里，暗示了多少生命玄机，又蕴含了多少人生智慧啊！

在那样的一个年代，在那样的一种状况下，沈从文还能用一种乐观的心态来积极面对生活的厄运，还能用笔写下优美的文字。如果没有乐观，沈从文肯定做不到。

现实生活中，无限制增长的欲望、不满足现状的心态，还有那诸多数不清的烦恼与磨难，常常使人患得患失。因此，很多人抱怨命运，抱怨时运不济，抱怨人生多"苦"。

栽种一株快乐的花朵于心田。无论生活面临怎样的境地，人生遭逢怎样的磨难，请让快乐的花朵开放在心灵的原野上，让灵魂的舞姿如花之绰约，满载着花的芬芳。

牢骚满腹者，不妨转换一下心情，让乐观主宰自己，心情肯定会一下子好起来。

中国有一位著名的国画家俞仲林，擅长画牡丹。

有一次，某人慕名买了一幅他亲手所绘的牡丹，回去以后，此人高兴地挂在客厅里。

此人的一位朋友看到了，大呼不吉利，因为这朵牡丹没有画完全，缺了一部分，而牡丹代表富贵，缺了一角，岂不是"富贵不全"吗？

此人一看也大为吃惊，认为牡丹缺了一边总是不妥，拿回去预备请俞仲林重画一幅。俞仲林听了他的理由，灵机一动，告诉买主，既然牡丹代表富贵，那么缺一边，不就是富贵无边吗？

那人听了他的解释，觉得有理，高高兴兴地捧着画回去了。

同一幅画，换个角度去看，就产生了截然相反的看法，站在悲观的角度去看，看到的永远都只是事物不好的一面；而换一个角度，站在乐观的角度去看，风景大不一样，你会从一个全新的角度发现事物好的一面。

有一位遭受癌症折磨的女青年，曾写下诗句：

你改变不了环境，但你可以改变自己；

你改变不了事实，但你可以改变态度；

你改变不了过去，但你可以改变现在；

你不能控制他人，但你可以掌握自己；

你不能预知明天，但你可以把握今天；

你不能样样顺利，但你可以事事尽心；

你不能延伸生命的长度，但你可以决定生命的宽度；

你不能左右天气，但你可以改变心情；

你不能选择容貌，但你可以展现笑容。

乐观不是你在顺利时候对未来美好的憧憬，而是你在逆境和困难面前的那份坚定的信念和露出的微笑，并且像诗中所写的那样，改变你能改变的。

正同一枚硬币有两面一样，人生也有正面和背面。光明、希望、愉快、幸福……这是人生的正面；黑暗、绝望、忧愁、不幸……这是人生的背面。乐观的人总是能看到事物光明的一面，因而会随时扭转败局而成功。

有一位日本武士，叫次木。有一次面对实力比他的军队强数倍的敌人，他决心打胜这场硬仗，他的部下却表示怀疑。

次木在带队前进的途中，在一座神社前停下。他对部下说："让我们在神面前投硬币问卜。如果正面朝上，就表示我们会赢，否则会输，那么我们就撤退。"部下赞同了次木的提议。

次木进入神社，默默祷告了一会儿，然后当着众人的面投出了一枚硬币。大家都睁大了眼睛看——正面朝上！大家欢呼起来，人人充满了勇气和信心，恨不能马上就投入战斗。

最后，他们大获全胜。一位部下说："感谢神的帮助。"

次木说道："是你们自己打赢了战斗。"他拿出那枚问卜的硬币，硬币的两面都是正面！

如果我们也要像次木那样去赢得我们的人生，那么，我们绝不能将眼光仅仅停留在那些消极的事物上，否则只会让一个人自卑、沮丧而失败。永远看到事物美好的一面，让乐观来伴随我们的人生。

第八章

小心你的性格毁了你

缺陷性格也使你的人生充满缺陷

所谓性格障碍，是指人们在自我开放中常常出现的气质障碍和性格障碍，如抑郁质的人易表现孤僻乖戾、不善交际的弱点，黏液质的人易表现优柔寡断、缺少魄力的弱点，以及多血质的人缺乏毅力，胆汁质的人办事武断、鲁莽等弱点。这种性格障碍的具体症状是表面上他们仍过着正常人的生活，但深入接触后，便会发现这些人很怪。比如与人开始接触时还客客气气，一旦熟悉后就经常过度亲密或过度要求对方，甚至动不动就发怒。

这种人还有一个奇怪的地方，就是一会儿跟别人非常亲密，一会儿又突然转变方向，怒目相视，从一个极端跳向另一个极端。有性格障碍的人不会体谅别人的感觉和心情，非常自私任性，也因此面临着自我统一困难及心理混乱的问题。此外，他们缺乏信心，经常处于情绪不安定状态。

卡利斯丁说过一句名言："在诸多的成功因素中，性格是最重要的。"成功者必然有他成功的理由，而且成功者的成功固然与他良好的性格是分不开的。倘若一个人的性格存在着这样或那样的缺陷，那么，他的人生也必将受到这些性格缺陷的影响，甚至，在关键的时刻，这些性格缺陷会对人生起决定性的作用，成为阻碍其发展和成功的绊脚石。

正如良好的性格能成为人生走向成功的助推器一样，缺陷性格也能成为人生走向成功的挡路虎。例如，有自我毁灭性格障碍的人是很可怕的，他们特别容易出现自杀等冲动性的自我毁灭行动。虽然基本上他们并不是真正想死，但还是经常造成无法挽回的身体损害。另外，有这种性格障碍的人，会为了逃避现实而滥用药物或酗酒、乱性、浪费金钱、过度饮食或拒食，有意用外物伤害身体。有的人甚至故意违反交通规则，引发交通事故。

而有着自卑性格障碍的人由于在意识层次上无法掌握自己，无法给予自己适当的评价，因此产生心理的不安定。这种不安定，也就是自我同一性、自我认同发生障碍，可能导致行动与感情出现异常。这种人由于搞不清楚自己到底有什么长处、什么短处，所以无法让自己得到定位和认同。换句话说，他们的自我形象非常破碎，无法统一，因此陷于不安。有时会突然出现夸大妄想的行为，借此提高自己的价值，让心理获得稳定。但有时这种自我防卫的做法露出马脚，反而让当事人更加无助和茫然。

就性格本身而言，没有绝对的好坏之分，每一个人都同时具备好几种性格，甚至有些性格会矛盾地共存，而每种性格都有其一定的优缺点。如果我们想获得人生的成功，那么，首先就应该从克服性格中的缺陷开始。

狭隘性格：中了恶魔的诅咒

　　狭隘的人，其心胸、气量、见识等都局限在一个狭小范围内，不宽广、不宏大。心胸狭隘的人，他们只听得好而听不得坏，只能接受成功而不能接受失败，稍遇挫折、坎坷和不如意，就出现过激行为，导致对自己、对他人的损害，给家庭、社会带来损失。

　　年轻男女如果在成长过程中受多方面因素影响而形成狭隘心理，就会严重影响他们的生活和交往，成为身心发展的障碍。心胸狭隘的人的眼中是容不下一粒沙的，他们总是喜欢斤斤计较自己的得失，总是拿自己与他人比较，一旦发现别人比自己强，他们就受不了，他们就会想方设法让他人跌下阵来，因此，一个心胸狭隘之人由于他气量狭小，往往极易在日常的人际交往中与人发生矛盾，甚至冲突，具体表现为以下两点。

　　1. 思想狭隘，认识偏激

　　有人把思想狭隘、认识偏激比作青蛙的坐井观天是十分贴切的。这种人是指把自己的见识局限在一个狭小的范围里，眼界不能放开，思路不能展开，只凭以往的（或传统的）心理暗示和经验来观察、分析问题。

　　具有这种性格的人，一般是思想守旧，性格固执，眼界狭窄，缺乏全面的文化修养，看问题片面，只能从主观角度偏激地认识和分析问题，而不能看到问题的另一面。

　　这种性格的后果，如果是普通的人，只是对某些现象品头论足，有点偏见倒也无妨，至多是他自身或家人因他思想狭隘而受到损失；如果是握有一定权力的人，那就将危及他所主管的部门，甚至更大范围，给事业造成难以弥补的损失。可见思想狭隘、认识偏激所造成的危害之严重了。

2. 行为狭隘，交往面窄

狭隘和自私如同"孪生姐妹"。狭隘的人把目光投向自己，他们唯我独尊、固执己见，时时处处都从自己的利益出发，在交往中更是极力排斥"异己"，其结果落得个门庭冷落。心胸狭隘之人容不下别人比自己强，嫉妒超过自己的人，他们只愿和不如自己的人交往，其结果导致自负心理的增强和交际圈的大大缩小，随之而来的是孤独、寂寞和空虚的困扰。而孤僻、猜疑等不良心态是形成心胸狭隘的主要因素。

狭隘的性格一旦形成，将对一个人的一生产生非常不利的影响。一个再优秀的人，若他的心胸狭隘，容不下他人，接受不了他人，那么，这个人一定难成大器，就算他已小有成就，而终有一天，这些小小的成就也会因为他的狭隘性格而毁于一旦。明朝宰相李善长就是因为性格狭隘而自酿人生悲剧。

宰相肚里能撑船，确实是至理名言。明朝宰相李善长虽功劳赫赫，荣登宰相宝座，但因其狭隘的性格，终落得个被逼自杀，家属70多人被赐死的结局。还是刘伯温对李善长掐算得好："志大量小，后事难料。"

李善长，字百室，1314年生，凤阳人。李善长出生于衣食无忧的小地主家庭，早年读过一些书，虽不能说精通文墨，但懂得治乱之道。他为人很有心机，也很能干，在地方上颇有威望。据记载，他从小就有雄心大志，想干一番事业。

早年的他就跟从朱元璋，尽心尽力、忠谨之至，并最终得到了朱元璋无比的赏识和信任。当然，李善长也确实非常有才能，能文能武，并且屡屡为朱元璋立下汗马功劳。

1368年，朱元璋在南京正式宣布登基，国号大明，李善长主持了整个仪式。至此，李善长由刀笔小吏而成为开国功臣，封为开国辅运韩国公，同时赐以铁券，可免死罪两次。在封赏的诰命上，朱元璋对李善长的功劳作了如下评价："东征西讨，目不暇给；尔犯守国，转运粮储，供给器杖，未尝缺乏；剔繁治剧，和辑军民，各靡怨谣。昔汉有萧河，比之于尔，未必过也。"

可见，当时朱元璋对李善长的评价是相当高的。然而，李善长随着职位的升高和权势的增强，其性格中的狭隘性也逐渐体现出来，并最终害人害己。

开国以后，李善长曾任丞相，势力很大，其亲信中书省都事李彬犯有贪污罪，当时由任御史丞的刘基调查这件事，李善长多次从中说情、阻挠，最后，刘基还是奏准了朱元璋，将李彬杀死。李善长怀恨在心，就暗设计谋，令人诬告刘基，自己还亲自弹劾刘基擅权，结果刘基只得回家避祸。参议李饮冰、杨希圣对他有冒犯之处，李善长就罗织罪名对此二人施以酷刑，导致二人一残一死。

这倒还罢了，他培植淮人集团的势力，将一个知县出身的胡惟庸一手提拔为丞相。后来，胡惟庸擅权不法，贪污受贿，弄得朝野皆怨，引起了一些正直朝臣的反对。由于朱元璋用法残酷，胡惟庸恐怕被杀，就秘密组织了一场谋反活动，企图把朱元璋骗出宫来杀掉。谋反败露后，胡惟庸一党被株连杀死的有3万多人。李善长既是胡惟庸的故旧，又是他的推荐者，还与他有亲（李善长之弟跟胡惟庸是儿女亲家），本当连坐，朱元璋念他是开国勋臣，便免死贬谪。后来，还是以星相之变须杀大臣为借口赐死了李善长。李善长死时77岁，所有家属70多人，也尽行赐死。

李善长以功始而以罪终，这在中国历史上是极有代表性的，别说朱元璋对开国功臣大加杀戮，就是换一位"仁慈"的开国皇帝，像李善长那样性格狭隘、居功自傲、擅权自专，也注定是多行不义必自毙。

刚愎性格：众叛亲离终败北

刚愎自用的人往往都把自我看得很重，进而忽略了他人的存在。他们认为自我就是"我得第一"，一切以自己为中心。在他们的心目中，个人利益是至高无上的。这些人往往听不进别人的意见，喜欢一意孤行，做事情只顾自己、不顾别人。

刚愎自用型性格与刚毅型性格乍一看上去有着表面的相似性。其实不然，具有刚愎自用型性格的人往往把自己看得很重，在他们的视野内，没有可以与自己相提并论的人，他们中的很多人确实有才华、有能力，但他们不求进步，最终导致失败的命运。恃才傲物是他们的显著特征，他们自视甚高，不愿与别人交流，故步自封，最后难免出现悲剧性的结局。许多刚愎自用型性格的人都是曾有过很大贡献的人，但他们往往认为自己的功勋卓著，听不进别人的意见，最终也难逃悲惨的结局。

关羽正是这种性格的典型代表。他一生战功赫赫，对刘备忠心耿耿，始终不渝；智勇盖世，过五关斩六将，屡战屡胜，所向无敌。但这些优点也导致了他刚愎自用的性格特征。"大意失荆州"的故事大家都很熟悉，正是关羽傲慢自大的性格使他忘乎所以、目中无人，才不可避免地导致了他的悲剧命运。

在历史长河中，由于性格上的刚愎自用而最终导致人生的失败，甚至命运悲惨的人又何止关羽一个呢？提起楚汉相争中的西楚霸王项羽，相信没有人不为他的四面楚歌及乌江自刎而深感可惜，而项羽这个人死得那样的刚愎自用，一句"无颜见江东父老"，将他刚愎自用的性格在他生命的最后一刻展露无遗。

项羽是刚愎自用的，他的刚愎自用还带着一些优柔寡断。因此，虽然他英勇顽强、所向披靡，堪称英雄，但仍然是匹夫之勇、妇人之仁。他的性格注定了他失败的命运，所以，楚汉相争，在一定意义上是性格之争。

在楚汉相争的初期和中期，刘邦实际上处于十分不利的地位，然而，项羽最终失败了。项羽失败在很大的程度上可以说是性格悲剧。

刘邦的性格中有许多别人无法比拟的好处，这种性格使他善于听信忠言，能够使用人才，为了大事可以不惜一切代价。项羽虽然是个英雄，但是，他的性格中有着致命的弱点，那便是刚愎自用。而刘邦正是利用了他的刚愎自用的性格弱点战胜了他，并最终夺得了天下。

秦末农民战争中，刘邦和项羽是两支反秦武装的领袖，他们是战友，也是同盟军。

公元前206年10月，刘邦占据咸阳（今陕西咸阳东北）后，接受张良等人的劝告，与当地的百姓"约法三章"，由此收买了当地百姓的民心。同年12月，项羽在经过巨鹿的浴血苦战消灭秦军主力后，率诸侯兵西抵函谷关。一看关门紧闭，又听说沛公已定关中，当即大怒，命黥布等人攻破函谷关，大军蜂拥而上，进驻鸿门。

被项羽奉为亚父的范增此时已看出了刘邦的野心，于是劝项羽于次日清晨消灭刘邦的势力。项羽有兵40万人，号称百万；刘邦仅有兵10万人，自然无法与项羽抗衡。正在这一紧要关头，项羽的叔父项伯连夜将实情告诉张良。项伯和张良原是好朋友，所以劝张良赶紧脱离刘邦，不要一起送死。张良认为"亡去不义"，反而拉着项伯一起见沛公。刘邦立刻与项伯结成亲家，并听从项伯的建议于次日清晨到鸿门向项羽请罪。

次日清晨，沛公早早赶到鸿门，向项羽面谢，一番话语让项羽顿时犹豫不决，最后只得设宴接待刘邦。

在宴席上，范增好几次用眼睛示意项羽攻击沛公，项羽却毫无反应，范增只好离席找到项庄，对他说："君主为人优柔不决，你进去以剑舞，寻找机会杀掉刘邦，不然，我们都会成为他的俘虏。"项庄于是入席敬酒，并借口"军中无以为乐，请以剑舞"。随即拔剑起舞。项伯心知项庄舞剑，其意在杀沛公，遂起身对舞，以自己的身体翼蔽沛公。在营外担任警卫的樊哙急闯进来，大声责备项羽说："沛公先入定咸阳，暴师霸上，以待大王。大王今日至，听小人之言，与沛公有隙，臣恐天下皆心疑大王也。"一番话，说得项羽无言以对。过了一会儿，沛公起身如厕，召樊哙出，将车骑随从留下，自己骑马，樊哙等人步行小道返回汉营，让张良对付项羽。项羽问沛公哪里去了，张良回答说，怕将军有意责备，故不辞而别，让我代为献上玉璧，项羽接受了这一礼物。张良又将玉斗献给范增。范增愤然摔碎玉斗，起身说道："从今往后，我们都成了刘邦的俘虏。"

果然不出范增所料，不久，刘邦便利用项羽刚愎自用、优柔寡断、多疑的性格弱点，对他施行反间计，用一系列的计谋让他身边的忠臣良将一个个弃他而去，并最终落得了"四面楚歌""乌江自刎"的下场。

与刘邦相比，项羽的确具有更多的英雄特征。他勇猛善战、不畏艰难、性格直爽、恩怨分明、爱惜属下、讲究道义，有"力拔山兮气盖世"的美誉，但他的这些性格特征皆被他的刚愎自用抹杀掉了。他没有刘邦的柔韧、冷静、果断和博大，更没有刘邦的雄才大略，所以他中了刘邦的反间计，失去了一个个得力的助手和忠臣。

楚汉相争的这场性格之战就在项羽乌江自刎之时落幕了，但结果是一开始就注定的，项羽就这样因为刚愎自用而未能成为真正的霸王。

多疑性格：聪明反被聪明误

多疑的性格具体表现为过度的神经过敏，凡事总是疑神疑鬼。喜欢猜疑的人特别注意留心外界和别人对自己的态度，别人脱口而出的一句话很可能琢磨半天，努力挖掘其中的"潜台词"，这样便不能轻松自然地与人交往，久而久之不仅自己心情不好，也影响到人际关系。

多疑的人自身就是一种悲剧，因为他的多疑，他会在生活中完全地丧失自我，总是以别人为生活的重心，而且他总是会在一种不安宁的情绪状况中徘徊，总是将事实都建立在自己的假想之上。这种人一般很难有真正的朋友，因为他们的多疑会让和他们在一起的人感到巨大的压力，并且会伴随着一种不确定的不安全感。当然，这从另一个方面来讲也严重地影响到了疑心重性格人的人际关系交往。

有猜疑心的人，往往先在主观上假定某一看法，然后把许多毫无联系的现象都通过自认为合理的想象拉扯在一起，以此来证明自己看法的正确性。为了能达到这一目的，他们甚至能无中生有地制造出一些现象。最后是越猜越疑，越疑越猜。

正如英国思想家培根所说："猜疑之心有如蝙蝠，它总是在黄昏中起飞。这种心情是迷陷人的，又是乱人心智的。它将最终导致一个人做错事情。"回顾历史，一代英雄曹操的身上就有猜疑这一典型性格。

曹操刺杀董卓不成，独自一人骑马逃出洛阳，飞奔谯郡，路经中牟县时被擒。县令陈宫慕曹操忠义，于是弃官与之一起逃亡。两人行至成皋，投曹父故人吕伯奢家中求宿。

吕伯奢一见曹操，非常高兴，又听说其刺董卓未遂，正遭缉拿，更是唏嘘良久。之后，转身出门，命4个儿子杀猪宰羊，自己则去4里外的集上打酒。

由于刺董之事，曹操终日紧张，加上他生性多疑，所以就没有真正静下来过，即使在吕伯奢的客堂里，他依然两耳高竖，坐立不宁。他刚喝完一杯茶，就听到了霍霍的磨刀声，侧耳再听，竟听有人说："马上堵了门，别让他跑了！"

多疑的曹操哪知道是在杀猪宰羊，他认为吕家人要报官杀害他，他心一横，拔剑出门。"好一群不顾大义的小人！"吕伯奢的小孙子正在瞪目瞅他，曹操却忽地一剑刺去，一股红流喷在胸部。曹操没有任何反应，仍是一剑一人地杀向后院。

提剑的曹操，见后院内吕伯奢的 4 个儿子正在捆猪，心中猛地一顿，知道自己杀错了人，但仍掷剑砍去。又是 4 剑之后，曹操觉得自己的身体突然软了下来，遂拄剑在地，闭目不语。良久，忽拔剑挺直，对天长笑："宁负天下人，不让一人负我！"笑毕，一剑砍断马缰，手抓马鬃，跃身而上。

和"用人不疑，疑人不用"的领导法则相反，有些领导者对部属全然不信任，疑神疑鬼，总担心部属内神通外鬼，担心部属夺权、造反、贪钱，不敢授权。于是，像"防弊重于兴利"的施政态度，人才再多，也是徒然。

有些领导者和干部之间，平日看似合作无间，实则互信基础不稳，一旦患难危急，信赖感便破裂了，铸下悲剧。三国时代的超级猛将吕布，便是活生生的例子。

吕布，字奉先，可谓三国前期的第一猛将，其先父早亡，曾拜荆州刺史丁原为义父。董卓为相国时，吕布被其重金收买，遂杀掉丁原归顺董卓，而后在曹操大败董卓之后，又被曹操以同样的方式收买，背叛董卓，投靠曹操。

建安三年（公元 198 年），吕布还在董卓手下时，双方征战，曹操亲征吕布。吕布据守下邳城，虽曾多次突围，但每战必败，被迫退守城内。吕布手下第一谋士陈宫献计说："曹操远道而来，必然支撑不久。将军您如果率领步、骑兵屯驻城外，我率领其余军力防守城内。曹操攻打将军，我就出城袭击他的背后；曹操如果来攻城，将军便由外率军来救。如此互为掎角，互相呼应，不超过一个月，曹军粮尽，我们再伺机反击，必可破曹。"

依照陈宫的策略，城里城外两相呼应，就像《孙子兵法》说的"常山之蛇"，"击其首，则尾至；击其尾，则首至"。这是突围的上好计策，虽然冒险，却不得不如此。

吕布同意，命陈宫和另一名大将高顺守城，自己准备率骑兵出城，截击曹操的粮食补给线。

奈何吕布的妻子有意见，她不放心让陈宫、高顺守城。她说："陈宫、高顺一向不和，将军出城，两人必然不能同心守城，万一局势生变（内斗），将军要在哪里立足？"

一句话说得吕布心惊肉跳。吕夫人接着又提醒吕布："当年曹操对陈宫，就像父母对怀抱中的幼子一样，到头来陈宫还舍弃曹操，前来投靠我们。你待陈宫之好，并未超过曹操，却把整座城交给他，一旦有变，我还能再做你的妻子吗？"

两段话一段比一段惊悚，吓得吕布取消出城计划。起死回生的机会破灭，只能坐困城中，城破只是早晚的事。

正如《三国志》作者陈寿评价吕布："虽骁勇，然无谋而多猜忌，不能制御其党，但信诸将，诸将各异意自疑，故每战多败。"就因为吕布对部将有疑虑而放弃陈宫提出的突围奇计，而不得不坐以待毙。由此可见疑心重在成就大事的过程中必将贻误大事，再多的努力，在关键的时刻，只需一个"疑"字便前功尽弃。

孤僻性格：一把关闭心灵的锈锁

在现代社会，交通、通信越来越发达，人们的生活也越来越丰富多彩。但与此同时，有越来越多的人声称内心孤独。他们也经常参加各种社交活动，甚至不落下任何一场聚会，哪里人多，哪里热闹，他们就把孤独的自我淹没在城市的灯红酒绿之中，但是，他们的内心依然感到孤独。

是的，孤独并不可怕，可怕的是内心的孤独有一天会让一个人渐渐变得孤僻。

性格孤僻者的主要表现是不愿与人接触，对周围的人常有厌烦、鄙视或戒备的心理。这种人还常常表现出神经质的特点，其特征是做作和神经过敏。他总认为别人瞧不起他，所以凡事故意漠不关心，做出一付瞧不起人的样子，使自己显得气势凌人一些，其实内心很虚弱，很怕被别人刺伤，于是把自己禁锢起来不与人交往。一旦别人真的不理他时，他又认为自尊心受了伤害。由于这种人猜疑心极重，办事喜欢独往独来，因而越发与别人格格不入。人际关系不良的结果，使他陷入孤独、寂寞、抑郁之中。长此以往，还容易导致种种心身疾病。

人人都可能有孤独的时候，但并非人人都能够战胜自己的孤独感。

孤独，并不单纯是独自生活，也不意味着就是独来独往。一个人独处，可能并不感到孤独；而置身于大庭广众，未必就没有孤独感产生。

那么究竟什么才是真正的孤独呢？心理学家认为，真正的孤独，往往产生于没有情感和思想交流。事实上，不管你是已婚或是未婚，也不管你是置身于人群，或者是独居一室，只要你对周围的一切缺乏了解，和你身外的世界无法沟通，你就会体会到孤独的滋味。

孤僻也是属于自我封闭的一种，是指将自己与外界隔绝开来，很少甚至没有社交活动，除了必要的工作、学习以外，大部分时间都活在自我的世界里，不与他人沟通。这样的人通常很孤独，害怕与人交往，朋友也相当少甚至没有。他们总是活在自己的世界里，由于缺乏沟通和交流，他们总感觉没有人能理解他，并常常会闷闷不乐，甚至走向抑郁。

因此，可以说，孤独是一种思想上、情感上无以沟通、无倚无傍、无人理解与认同的感觉。一个人若常年被这样一种性格左右，便会产生一种无人理解与认同的孤独感，那么，就算他再有成就，他的一生都算不上过得很幸福。

正如心理学家指出，这种自闭而不合群的性格，不仅有碍于和谐人际关系的建立，而且会使人产生对生存的畏缩感，非常不利于身心健康。

伟大的科学家、发明家和企业家诺贝尔以他的诺贝尔奖金而蜚声中外，他一生都在为人类做出自己的贡献。但他是孤独的，他虽有过3次恋爱，但终身未娶。在他辉煌事业的背后却是一颗孤寂的灵魂，这不得不让人为此而深感惋惜。但我们更深入地了解便会发现，诺贝尔不幸的情感生活与他孤僻的性格是息息相关的。

1833年10月21日，诺贝尔出生在瑞典的斯德哥尔摩。9岁时，他和父母移居俄国。在俄国，他的父亲从事机械工业，发明了地雷，并在克莱米战役中从政府获得了很多订单，但是很快就破产了。

1851年，18岁的诺贝尔到巴黎研读化学，他在一所实验室工作。在一次晚会上，他邂逅了一位来自祖国的女郎。之后，两人相爱了。不幸的是，好景不长，这位女郎因突然患肺结核而暴卒。与此同时，他在商业领域却很幸运，积蓄了很多钱，而且他在他的发明中寻找出很多商机，并在20多个国家建立了80多个公司。

但是，诺贝尔最主要的贡献不在获得巨大的财富及他的科学发明，他总是在发现生活中的价值，从他年轻的时候，他就喜欢文学和哲学，或许在于他并没有找到人间的爱——他从未结婚——于是他致力于全人类的爱。

诺贝尔43岁时，经历了第二次恋爱。他登报招聘一名"女秘书兼管家"，后来在众多应征者中，诺贝尔选中了33岁的懂数种语言的家庭教师贝尔塔，并在工作和生活中爱上了她。但诺贝尔没有想到的是贝尔塔一直还深爱着另外一个男人——奥地利的一名男爵，并最终弃诺贝尔而去。

贝尔塔辞职后不久，诺贝尔到奥地利旅行，遇上了20岁的卖花女郎苏菲·海斯。她出生于维也纳中下层家庭，是犹太后裔。苏菲的父亲经济窘困，诺贝尔承诺要帮助苏菲。这样，两人开始了交往。

两人年龄相差23岁，阅历和文化程度都相去甚远。诺贝尔对苏菲是有求必应，苏菲开始大量索取金钱，挥金如土。她赊账都记在诺贝尔名下，甚至常常以诺贝尔夫人的名义出现。

诺贝尔几度欲娶苏菲为妻，他曾把苏菲介绍给他的朋友和兄弟们，但遭到大家的一致警告，他的母亲也反对。

1883—1889年，诺贝尔经历了一生中最痛苦的时期。他的哥哥鲁伟去世，母亲也随后离开了，苏菲也返回奥地利。诺贝尔迁往意大利。

1896年12月10日，诺贝尔在意大利自己的别墅里溘然长逝。不久，这位"孤独的旅人"回到自己的家乡，安息于斯德哥尔摩诺贝尔家族墓地。

他留下了著名的遗嘱，他把他的财富提供给在物理学、化学、生理学、医学、文学和和平事业等方面做出贡献的人，这些是他永远的理想。

诺贝尔的一生是辉煌的，但同时是孤独的；他的一生是成功的，也是不幸的。是他孤僻的性格让他与现实中的幸福擦肩而过、失之交臂。

贪婪性格：永远填不满的欲望之沟

一个贪婪的人是永远都不会满足的，他们的欲望就像是一个无底洞一样，是无法去填满的。这种无休止的索取最终还是会导致不仅得不到，连过去得到的还将失去的悲剧性的结局。

贪婪往往要付出代价。有时候，有些人为了得到他喜欢的东西，殚思竭虑，费尽心机，更甚者可能会不择手段，以致走向极端。也许他得到了他喜欢的东西，但是在他追逐的过程中，失去的东西也无法计算，他付出的代价是其得到的东西所无法弥补的，也许那代价是沉重的，只是直到最后才会被他发现罢了。更可悲的是，当他发现的时候，一切都太晚了，抑或败局已定，抑或损失、伤害业已造成。

古时有一个国王非常富有，但他还是不满足，希望自己更富有。他甚至希望有一天，只要他摸过的东西都能变成金子。

结果，这个愿望终于实现了，天神给了国王这一份厚礼。国王非常高兴，因为只要他伸手摸任何物品，那个物品就会变成黄金。他开心地用手触摸家中的每样家具，顿时每样东西都变成黄澄澄的金子了。

此时，国王心爱的小女儿高兴地跑过来，国王一伸手拥抱着她，立刻，他活泼可爱的小公主就变成一尊冰冷的金人了。他傻眼了。

贪婪的人，被欲望牵引，欲望无边，贪婪无边。

贪婪的人，是欲望的奴隶，他们在欲望的驱使下忙忙碌碌，不知所终。

贪婪的人，常怀有私心，一心算计，斤斤计较，却最终一无所获。

在很多事情上，做到什么程度由我们自己控制。成功的人往往适可而止，而失败的人不是做得太少，就是做得太多。要记住，多并不一定带来快乐，太多就一定会招来麻烦。

人生之中，我们每一个人多少会遇到一些陷阱，而这些陷阱之中，最为可怕的一种是我们亲自挖掘的。因为贪心，我们忽略了自己的弱点，不顾一切去满足我们的欲望。这时，即使危险摆在我们面前，我们也无法去理会、去避让，贪婪遮住了我们的眼，使我们无法看到危险所在。

贪婪的可怕之处，不仅在于摧毁有形的东西，而且能搅乱我们的内心世界。我们的自尊，我们所恪守的原则，都可能在贪婪面前垮掉。

贪婪的人是如沙漠一样的不毛之地，吸收了全部雨水，却不滋生一草一木，不能孕育一个小小的生命。

贪者的心里，一心想着的是"拿来"。这个念头往往占据了他的整个心，而把其他的善念都挤了出去。

对于一个不知足的人来说，天下没有一把椅子是舒服的。贪欲就如同一团熊熊烈火，柴放得越多，烧得越旺，而火烧得越旺，人就越有添柴的冲动。于是，奔来奔去、忙里忙外，难有停息的时候。

贪婪的人是无法知道贪婪的结果的，因为贪欲早已迷住了他的心，遮住了他的眼，他不知道自己该在什么时候停下来。他就像一只拉磨的驴，只顾一个劲地往前走。

贪得无厌常常使人失去清醒的头脑，为了一点儿小利而失去很多宝贵的东西，甚至生命。在历史上就有不少人，本来有很辉煌的前程，但他们抑制不住内心的贪婪从而因此身败名裂。清初大将多尔衮就是因贪婪而身败名裂，终究未能登上帝位。

清朝开国初期的皇叔父摄政王多尔衮的性格极为贪婪。可以说，这个"贪"字驱使他一生争权夺势，追名逐利，陷于女色而不能自拔。

多尔衮对于皇权之争是煞费苦心、六亲不认的。他的哥哥皇太极去世后，虽然已拥立其子福临为帝，即顺治，但多尔衮欲篡夺皇位的野心丝毫没有消除。

后来，清兵入关进京，亡国的明朝众臣拜见多尔衮时呼"万岁"，竟然只知新建的清国有个摄政王多尔衮，而不知还有个皇帝福临。当孝庄太后与顺治帝到北京皇宫时，看到多尔衮无视皇上，独揽大权，结党营私，排除异己的种种迹象，便清醒意识到朝廷这种险恶的形势时刻在威胁着幼子福临的皇位。孝庄太后在不得已的情况下，便依照当时满族"父死则妻其后母，兄死则妻其嫂"的习俗，下嫁给多尔衮，以此来挟制多尔衮的野心。

而且，聪明的孝庄太后为了稳住与抚慰多尔衮那颗贪婪的心，还是让其儿子顺治帝封多尔衮为皇叔摄政王。可是，多尔衮对孝庄太后母子这一恩赐不买账。他联合了亲信加封自己为"皇父摄政王"，以使自己的权力和地位提高到极点，与皇帝位于同一台阶，甚至有过之而无不及。

随着权力的剧增，多尔衮贪婪的胃口也日益增大。极尽追名逐利之能事，把福临之所以能登上大宝的功劳据为己有，把各王公在入主中原前后的战功也尽归于己。进北京后，他所用的侍卫、仪仗、音乐等待遇均与皇帝一样；所建的王府完全是按照皇帝宫殿的规格，其华丽的程度有甚于皇宫。

不仅如此，多尔衮的贪欲成性还表现在疯狂地占有女色上。他的私生活放荡不羁，荒唐至极，在这方面充分暴露出他的人性已泯灭殆尽。他不仅霸占了佳丽数千，而且打起了异国他乡美女的主意，弄得邻国也鸡犬不宁。

由于多尔衮利欲熏心，贪得无厌，依仗他的权势恣意横行，天人共怒。正所谓利深祸速，他去世不足半月，顺治帝就一反常态地向皇父多尔衮大肆施以夺权之举，将多尔衮的罪状公诸于世，并没收了多尔衮的所有财产，对多尔衮本人的尸体还处以极刑。

可以说，多尔衮的贪欲之心是超人的，将一切功劳尽归己有，从而以功臣自居，谋权夺位，争名夺利，贪恋女色，无所不贪，而且贪得无厌，贪心不足。事物发展到极端，就会朝相反的方向转化，即所谓"物极必反"。多尔衮之贪婪激起人神共愤，即使他死了也没逃脱被后人挖坟掘墓、鞭尸示众的命运。

自私性格：一己私利终不成大事

自私指的是只顾自己的利益，不顾他人、集体、国家和社会的利益。常有自私、自利、损人利己、损公肥私等说法。自私有程度上的不同，轻微一点儿是计较个人得失、有私心杂念、不讲公德；严重的则表现为为达到个人目的，侵吞公款，诬陷他人，杀人越货，铤而走险。

自私之心是万恶之源，贪婪、嫉妒、报复、吝啬、虚荣等病态社会心理从根本上讲都是自私的表现。

自私是一种近似本能的欲望，处于一个人的心灵深处。人有许多需求，如生理的需求、物质的需求、精神的需求、社会的需求等。需求是人的行为的原始推动力，人的许多行为就是为了满足需求。

凡自私的人，他们都有这样的一种反社会心理，即"人不为己，天诛地灭""宁肯我负天下人，不愿天下人负我""公家的事小，自己的事大""有权不用，过期作废""利人者是傻子，利己者是聪明人""不吃白不吃，吃了也白吃，白吃谁不吃"。他们面对利益首先想到的永远都是他们自己，甚至不惜利用一切的手段来夺取他人应得的利益，从而达到他们损人利己的目的。自私的人不懂得付出，他们永远都在算计自己的得失，因此，他们也没有朋友，得不到别人的真心。

一个自私的人，往往会给别人带来伤害，但他们不知道他们在用自私伤害别人的同时，其实是在伤害自己。有这样一个真实的故事：

越南战争结束后，一个美国士兵打完仗后回到国内，在旧金山旅馆里他辗转反侧，夜不能寐。半夜，他给家中的父母打了一个电话。

"爸爸，妈妈，我要回家了。但是我要你们帮一个忙，我要带一个朋友一起回来。"

"当然可以。"父母亲回答说,"我们见到他会很高兴的。"

"但是,有件事一定要告诉你们,他在那可恶的战争中踩响了一个地雷,受了重伤,他成了残疾人,少了一条腿和一只手。他已无处可去,我希望他能和我们住在一起。"

"我们为他感到遗憾。孩子,我们帮他另找一个地方住下,好吗?"

"不,他只能和我们住在一起。"

"孩子,你不知道,这样他会给我们造成多大的拖累,我们有我们的生活。孩子,你自己一个人回家来吧。他会有活路的。"话没说完,儿子的电话就断了。

父母在家等了许多天,未见儿子回来。一个星期后,他们接到警察局来的电话,被告知他们的儿子坠楼自杀了。悲痛欲绝的父母飞到旧金山,在停尸房内,他们认出了他们的儿子。他们惊愕地发现:他们的儿子少了一条腿、一只手。

自私的性格能让一个人失去他人的信任,并且这种损失无法挽回。一个人不管有什么优秀的性格,若是自私,他终将会因为自私而付出沉痛的代价。

李广是在汉朝统治阶级同匈奴贵族之间长期战争中涌现出来的著名将领,他历事文、景、武三代皇帝,一生身经百战,出生入死,饱经风霜,功绩卓著。在长期驻守汉朝边郡、维护统治阶级中央集权、保卫社会经济发展方面,做出了很大贡献。他自私自利的性格使得他战绩显赫却始终未能封侯。

公元前166年,匈奴大举进攻汉朝,曾打至汉朝的回中宫(今陕西陇县)和甘录宫(今陕西淳化)。在此之际,李广以"良家子"的身份,投身从戎。当匈奴进攻萧关时,他参加了同匈奴的战斗,并射杀了不少匈奴骑兵。为此,汉文帝封他为郎,这时李广大约20岁。

景帝时,7个诸侯王打着"诛晁错、清君侧"的旗号,发动武装叛乱。景帝派太尉周亚夫率领大军前去讨伐,很快就平定了。此时,李广正在周亚夫手下做骁骑都尉。他英勇作战,并夺得了叛军的旗帜,再立战功。当时,景帝的弟弟梁孝王为了表彰李广的战功,特意授给他将军的勋衔和印信，李广接受了。但是，李广身为西汉朝廷的命官，私自接受诸侯王的封赏，这是汉朝法律所不允许的。所以，回到长安以后，李广没有得到汉朝的封赏。不久，他被调出长安，到上谷郡担任太守。

汉武帝即位时，将李广调回长安任职，而此时匈奴单于听说李广英勇善战，便集中优势兵力，要活捉李广。李广有一次出了雁门关，遇到匈奴骑兵的主力，经过一番激战，李广几乎全军溃败，他自己受伤被俘。但后来趁匈奴不注意又逃了出来。

匈奴兵很快继续发动攻势。汉军四面受敌，死伤过半，形势危急。李广命令军士拉弓上弦，瞄准目标，引而不发。他接连射杀几个冲在最前面的副将，匈奴的攻势缓和下来，战斗也暂停。第二天，张骞率领1万骑兵赶到，匈奴便自动撤退。

在这次战役中，李广陷入重围，损失过多，虽重创匈奴骑兵，但功过相抵，既没有封赏，也不受处罚，李广此时已年过花甲，须发斑白，他一生征战，却始终未封侯。唐代诗人陈子昂曾经写诗感慨此事："何知七十战，白首未封侯。"

公元前119年，汉武帝派卫青、霍去病征战匈奴。李广向汉武帝请战，几经周折，才任命他为前将军。汉武帝曾授意卫青，说李广运气不好，如果让他跟匈奴正面交锋，难免失败。作战中，卫青有意调开他。李广带兵东路行进，迷失了道路，耽误了与卫青会师的约期。由于当时根据汉朝的法律，军队耽误了会师的约期是死罪，并且要受到刑审。李广接受不了自己戎马一生却还要被判刑，于是自刎而死。

有人说："卫青不败由天数，李广无功缘数奇。"运用运气的好坏、命数的奇偶来解释，是不恰当的。其实，这与他的个性也不无关系。

他私自接受梁孝王的勋衔和印信，以及为了封侯而争功斗气，都说明他性格中的自私，也正是他的这种自私的性格让他最终没有得到汉武帝的信任，也为他的戎马一生留下了一个抹不去的污点。

懦弱性格：畏缩在阴暗的角落

懦弱性格的人胆小怕事，遇事好退缩，容易屈从他人。甚至会发展成为逆来顺受，无反抗精神；进取心差，意志薄弱，害怕困难，在困难面前张皇失措；感情脆弱，经不起挫折和失败。一个人一旦形成懦弱性格后，往往从怀疑自己的能力到不能表现自己的能力，从怯于与人交往到孤僻地自我封闭，而由此形成的不良人际关系，反过来又会加深懦弱。

其实我们每个人的性格中或多或少都有懦弱的成分存在。我们往往在困难和灾祸面前退缩，但能鼓起勇气坦然面对失败和挫折的就是勇敢与坚强的人，相反被失败击倒的就是懦弱的人。

历史没有给南唐留下一个英明的帝王，却给世人留下了一个至情至性的悲情词人。公元961年，25岁的李煜在金陵即位，就有许多的问题摆在面前，赵匡胤的大宋王朝在北方虎视眈眈，年轻的李煜以为只要自己不对大宋有什么威胁，并且以臣子的地位年年向大宋进贡，也许赵匡胤就会大发慈悲，让自己偏安江南一隅，做个吟风弄月、自由自在的帝王。在多次的政治较量中，只会吟诗作赋的李煜哪是久经沙场的赵匡胤的对手，穷途末路之际就屡屡派人前去求和。李煜太天真了，他以为自己的懦弱能够打动宋太祖。赵匡胤说，天下一家，只能有一位天子，我的卧榻旁边，怎么能够容忍他人鼾睡？李煜懦弱的性格让他在政治上做了一个亡国之君，与此同时，他做帝王及亡国的经历又成为他凄美诗词的素材来源，也是他一生悲情的写照。后来，李煜也认识到了自己的性格懦弱并写诗表示深刻追悔："四十年来家国，三千里地山河。凤阁龙楼连霄汉，玉树琼枝做烟萝，几曾识干戈？

一旦归为臣虏，沈腰潘鬓消磨。最是仓皇辞庙日，教坊犹奏别离歌，垂泪对宫娥。"

几乎每一种性格都有自己的优点和缺点，至关重要的一点就在于对事业的选择。懦弱的性格选择政界和军界，无疑将一事无成，甚至会铸就命运的悲剧。盖因政界需要刚毅坚韧的性格，军界需要勇猛顽强的性格，这一切与懦弱的性格格格不入。这是性格的差异，不是智慧的高低，读书学习可以很快提高人的智慧，但要改变一种性格需要漫长的过程。

那么，懦弱性格是否就注定一事无成呢？

事实证明并不是这样！

性格懦弱的人常常情感丰富，观察敏锐，感受细腻，他们是天生的文学艺术之才。在文学艺术的世界里，这一被人们唾弃的性格找到了理想的归宿，他们如鱼得水，任性畅游。像卡夫卡就找对了自己的职业。

这位伟大的作家生为男儿身，却没有任何男子汉的气概和气质。在他身上根本找不到那种知难而进、宁折不弯、风风火火、刚烈勇敢的男子汉追求独立的精神，更谈不上清风傲骨了。他短暂的一生没有独立性，只有依赖性，一直对父母有比较强的依赖性。因此，卡夫卡身上最为突出的性格特征是懦弱，是一种男人身上少见的懦弱。

卡夫卡懦弱的性格是他生活的家庭造成的，或者说是他的父母后天塑造的。1883 年，卡夫卡出生在奥匈帝国所辖布拉格的一个犹太商人家庭。父母给他起名"卡夫卡"。在当时，犹太人的地位是十分低下的，而且这个姓氏是强加给犹太人的，并且带有骂人的贬义。卡夫卡就是出生在这样一个地位低下的犹太人家庭，而且他的名字本身就意味着一种被压迫的屈辱。

卡夫卡的父亲出身贫寒，仅靠一家小商店来维持生计，在那样一个动荡的年代里，一方面没有任何的社会地位，另一方面经济状况十分窘迫，过着捉襟见肘的日子。然而，对卡夫卡来说，生活上的艰辛与困苦似乎是可以忍受的，给他幼小心灵留下累累的、终生难以治愈的创伤的是父亲对他无休止的粗暴。卡夫卡一生都无法理解父亲对他的粗暴与专横。

年幼的卡夫卡日复一日地这样生活着。生活上的每一个细节、每一件小事对他来说都可能是一个不大不小的灾难，都可能成为父亲发火，乃至大发雷霆的借口。有些时候，父亲对他发的火让他不知所措，弄得他左右为难，对干什么事情都没有把握，从根本上丧失了自信心。他的父亲本来想利用他所设想的那种军队式的、高压的方式，达到他教育子女成才的目的，但他的叫骂、恐吓等，没有把卡夫卡造就成他热切盼望的男子汉，反而使他一步步逃离现实世界，性格变得格外懦弱。

紧张、压抑、忧郁环境中成长的卡夫卡完全失去了自信心，也逐步丧失了自我，什么事情都显得动摇不定、犹豫不决。这种环境使卡夫卡早早地产生了逃离现实生活的想法。现实生活对他实在太冷漠了，只有在他的非现实世界——内心世界里，他似乎才能摆脱现实世界的烦恼。犹太人的社会境地和备受排斥、压迫的现实，也在卡夫卡幼小的心灵上留下了创伤。随着年龄的增长，卡夫卡越发感觉周围的一切是那么不可抗拒、不可改变，而只有在他的内心深处，在他自己用想象构造的世界里，他才能找到少许宁静和安慰。这种逃遁实际上是对现实生活的一种反抗，只是这种反抗和卡夫卡的性格一样，是非常软弱的。

卡夫卡直到进入学校依然保持着这种非常懦弱的性格，很少与人交往，也没有朋友，整天活在自己的世界里。可幸的是，这时的他开始接触文学，并对此产生了浓厚的兴趣，阅读和写作就占据了他的大部分时间。

卡夫卡的懦弱让他选择了逃遁，逃向他钟爱的文学。文学，不仅是卡夫卡心灵的家园，也是他生命中的唯一选择。文学是他的王国，在那里，人们处处可以看到卡夫卡的影子。只有文学，只有在文学的王国里，人们才能够看到卡夫卡有了勇气，摆脱了懦弱。是的，懦弱的卡夫卡选择了并不懦弱的事业，并且取得了并不懦弱的成就。因此，对一切懦弱者来说，没有必要去放弃。

第九章

从性格去发现你的财富密码

没有人是天生的富翁

在这个世界上没有天生的富翁，即使你可能会是富人的后代，但若你不善持家或不再努力，而是去吃上辈所留下的老本，那么，总有一天，你还会变回一个穷人。

天下还有许多赤贫者，由于各种原因，使自己和家人一直生活在为生存忙碌的世界里。终日奔波，一刻也不得闲，但收获甚微。他们是别人眼里的穷人。穷人受穷总是有各种各样的理由，但有一条富人的理由不要被忘记，那就是谁也没有理由贫穷，谁也不是生来就是富翁。

时代也给人们提供了过上好日子的良机。可以说现在是一个天高任鸟飞、海阔凭鱼跃的时代。千万富翁不是梦想，亿万富翁也不是神话。上帝青睐每一个想成为富人的人，只要你憎恨贫穷，只要你渴望富有，只要你脚踏实地，那么你就会成为富人。

富人都是由穷人变为富人的，这同时是一个质的转变，这场转变应该是非常深刻的，它包含着的不仅仅是金钱的多少，更关键的是对穷与富的理解和认识。

不可否认，许多穷人一直为自己能够富有而努力着，他们渴望一夜暴富，更渴望用最小的努力换取最大的财富。于是他们参加各种各样的赌博，比如，赌球、买彩票、玩股票……

天上不会掉馅饼。即使是偶尔掉一次，也不会砸在穷人的头上。《福布斯》排行榜上的富人，没有一个是靠买彩票排上去的，也没有一个是靠投机富甲天下的。

一个富人，一个由赤贫者演变而来的富人，是什么事都做过的，包括穷人不屑一顾的，也包括穷人梦想做的事情。他是把这些事情都做成了，才成为富人的。

世界上就有这么一个人，曾经是赤贫者，通过不断地做事，认真地做事，成为受人瞩目的巨富。在他成为真正的富人的过程中，他没有动谁的奶酪，天上也没有掉一个馅饼砸到他，而是他亲手为自己做了一个巨大的奶酪。

这个人就是中国妇孺皆知的王永庆。

过去的王永庆是一个不折不扣的穷人。从穷人到富人的过程中，他是走过来的，甚至可以说是爬过来的。王永庆不仅富甲天下，而且富得让人心服口服，这是让我们值得研究和学习的。从他的身上，穷人应该看到自己还缺什么，看出自己与富人还有多大的距离。

王永庆虽然教子严厉，但是儿女对他诚心佩服，因为他本身的言行就是儿女最好的楷模。

一个人的财富可以被剥夺，一个人的肉体可以被摧残，唯一不可战胜的就是一个人的意志品质。作为一个真正的富人，王永庆送给后代的不是一大笔一辈子都花不完的财产，而是给他们铸就一种意志与精神。他知道，一个人只有有了坚如磐石的意志、赴汤蹈火的气魄、滴水穿石的精神、宠辱不惊的心态，才能成为一位真正的富人。

所有白手起家的富人，都曾经穷过，有的还曾经穷得苦不堪言。可后来他们富了，富甲天下。仅凭这一点，穷人就应该有理由相信自己，只要努力奋斗，奋斗的方法和方向不错，到时候一定会有收获，到时候自己也能成为富人。

穷，不是我们成为富人之后炫耀的资本，而是我们前进的动力。靠别人可怜与施舍的人，是成不了真正的富人的，也不可能享受到创业的乐趣！

顽强与坚韧造就财富的卓越

美国前总统柯立芝在其晚年的人生回忆录中写道："世界上没有一样东西可以取代顽强和坚韧。才能不可以——怀才不遇者比比皆是，一事无成的天才也到处可见；教育也不可以——世界上充斥着学而无用，学非所用的人；只有顽强和坚韧，才能无往而不胜。"

坚韧性指具备挫折忍耐力、压力忍受力、自我控制和意志力等；能够在艰苦的、不利的情况下，克服外部和自身的困难，坚持完成任务；在比较巨大的压力下坚持目标和自己的观点。

坚韧性表现为一种坚强的意志，一种对目标的坚持。"不以物喜，不以己悲"，无论遇到多大的困难，仍千方百计完成。

相反，那些做事三心二意、缺乏韧性和毅力的人，没有人愿意信任和支持他，因为大家都知道他做事不可靠，随时都会面临失败，沦为穷人。

但是，富人随时随地都坚持"自己拯救自己"的人生信条，因为一个人要想成功，必须依靠自己的力量把自己变成坚韧者，因为人生本来就不会是很舒适的。

人生能使懦弱的人变得刚强，也使恃强的人变得柔顺。

富人都是以极大的忍耐力和意志忍受着困苦，在艰辛中一点点地向前迈进，跌倒了再爬起来，终于达到成功的顶峰。

通常，人们往往信任那些意志最坚定的人。意志坚定的人同样会遇到困难，碰到障碍和挫折，即使他失败了，也不会一败涂地、一蹶不振。我们经常听到别人问这样的话："那个人还在奋斗吗？"也就是说："那个人对前途还没有绝望吧？"

永不屈服、百折不挠的精神是获得成功的基础。库雷博士说过："许多青年人的失败都可以归咎于恒心的缺乏。"的确，大多数年轻人颇有才学，具备成就事业的种种能力，但他们的致命弱点是缺乏恒心、没有忍耐力，所以，终其一生，只能从事一些平庸的工作。他们往往一遭遇微不足道的困难与阻力，就立刻退缩，裹足不前，这样的人怎么可以担当重任呢？

因此，意志的刚柔相济、顽强进取，是一个富人意志良好的表现。所以，要想成为一个真正的富人，就一定要意志刚韧，在果断性、忍耐性和顽强性上磨炼自己是十分必要的。

也正因为如此，穷人就更没有必要去放弃、去认命、去选择做穷人，创业固然难，但没有富人不是从艰难开始的。

穷人创业，开始时会有很大的付出，因为你做的事情并不是一个安稳的事情，没有保障，充满风险。你经常会遇到挫折，经常会失望，可能经常处于痛苦和沮丧之中。但这是一个充满刺激的过程，在这个过程中，你的能量得到最大限度的发挥，你会渐渐地变得顽强而坚韧。

对白手起家的人来说，如果拥有第一个 100 万元花费了 10 年的时间。那么从 100 万元到 1000 万元，也许只需要 5 年。再从 1000 万元到 1 亿元，只要 3 年就够了，说不定更短。这是因为你已经有了丰富的经验和启动的资金；你的性格已经被苦难磨炼得异常顽强而坚韧。

富人成功以后最爱回忆的总是最初那段日子。想起打地铺，已经松垮的肌肉就会马上收紧；想起用洗脸盆盛回锅肉，马上就会口水四溢。因为那是最艰难的，但也是最值得骄傲的。

诚信是一种无价的资本

让我们先来看这样的一个故事：

1835 年，摩根先生成为伊特纳火灾保险公司的股东，因为这家小公司不用马上拿出现金，只需在股东名册上签上名字即可成为股东。这正符合摩根先生当时没有现金的境况。

然而不久，有一家投保的客户发生了火灾。按照规定，如果完全付清赔偿金，保险公司就会破产。股东们一个个惊慌失措，纷纷要求退股。

摩根先生认为自己应该为客户负责。于是他四处筹款并卖掉了自己的房产，并以低价收购了所有要求退股的股东的股份。然后他将赔偿金如数返还给了投保的客户。

一时间，伊特纳火灾保险公司声名鹊起。

几乎身无分文的摩根先生濒临破产。无奈之下他打出广告，凡是再参加伊特纳火灾保险公司的客户，保险金一律加倍收取。

不料客户却蜂拥而至。因为在很多人的心目中，伊特纳公司是最讲信誉的保险公司。伊特纳火灾保险公司从此崛起。

许多年后，摩根先生的孙子 J. P. 摩根主宰了美国华尔街金融帝国。

其实成就摩根家族的并不仅仅是一场火灾，而是比金钱更有价值的信誉，也就是对客户的诚信。还有什么比让别人都信任你更宝贵的呢？有多少人信任你，你就拥有多少次成功的机会。信誉是无价的，用信誉获得成功，就如你用一块金子换取同样大小的一块石头一样容易。

忠诚守信的人不吃亏；自以为聪明、自以为得意、爱骗人的伪君子，最终会成为倒霉蛋。

忠诚、守信能帮助你的人生之舟在波涛汹涌的大海上移步航行，能让你得到更多成功的机会。

对于商人而言，如果从小没有养成遵守信用的习惯，那么就不可能取得别人的信任，生意也就很难做。李嘉诚曾戏言自己不是"做生意的料"，因为他觉得自己不会骗人，不符合中国人无商不奸的标准，令人感叹的是偏偏是这么一块"废料"做成了全亚洲独一无二的大生意。

富人经商，他会把顾客当成上帝，当作衣食父母，是无论如何也不能欺骗的。他们经商也是为了赚钱，但他们希望他们的钱是顾客心甘情愿地送到自己的腰包里的。他们认为顾客的利益是第一位的，只有维护顾客的利益，自己才有利益可言。

顾客对这种人，是心怀感恩的心情来他这里消费的，并视为自己最大的快乐。顾客也会把他们这种快乐告诉自己的亲友，让他们也来分享这种快乐。富人永远都清楚，他的银行账户上的数字是他的顾客一笔一笔地写上去的，只有顾客越多，他账户上的数字才会不断地增加。为了这个，他必须对客户诚信。

富人经商，经营的是人品。他知道，连人都做不好的人，是什么也做不成的。他知道，只有能舍，才能得，付出和收获是他的手心和手背。他用自己的忠诚换取顾客的信任，他用自己的信誉赢得顾客的支持，把自己看作鱼，把顾客看作水。鱼的生命与生存都离不开水，这是富人经商的第一要义。

富人对顾客诚信一次，就等于往自己的小舟之下注了一次水。本来很窄多礁的经商之航道，就会一帆风顺，使自己的小舟变成大船，漂河过海驶入大洋，最后把自己的大船变成超级航母。

这就是典型的富人做生意。富人做生意，首先是把自己经营好，然后去经营他的生意，他不但做有形的东西，更注重无形的东西。

穷人却从来不注意或不注重去经营自己。这就是穷人之所以不能挣大钱的原因。

切记："小富靠谋，大富靠德。"

富人的字典里没有"失败"

可以说，在这个世界上，我们每一个人都经历过无数次的失败。当然，这也包括富人在内，他们的成功也并非是一帆风顺的，然而，我们将我们暂时所面临的困难、挫折称之为"失败"恰恰是我们人生最大的失败。

没有人不想成为富人，也没有人不想去拥有财富，但很多人在追求财富的过程中要么被困难打败，要么对挫折望而却步而半途而废，可惜了前一半的努力！但如果我们换个角度来看问题就不一样了：世界上根本就没有所谓的失败，只有暂时的不成功。这也正是富人们的信条，正是因为在他们的字典里没有"失败"，他们才不会放弃，才会继续努力，因为他们知道，他们现在只是暂时的不成功，但有一天他们会成功！

韦特斯真正开始创造自己的事业是在 17 岁的时候，他赚了第一笔大钱，也是第一次得到教训。那时候，他的全部家当只有 255 块钱。他在股票的场外市场做掮客，在不到一年的时间里，他第一次发了大财，一共赚了 16.8 万元。拿着这些钱，他给自己买了第一套好衣服，在长岛给母亲买了一幢房子。但是这个时候，第一次世界大战结束了，韦特斯却因聪明过头，而犯了一个大错误。他以为和平已经到来，就拿出了自己的全部积蓄以较低的价格买下了雷卡瓦那钢铁公司。"他们把我剥光了，只留下 4000 元给我。"韦特斯最喜欢说这种话，"我犯了很多错，一个人如果说他从未犯过错，那他就是在说谎。但是，我如果不犯错，也就没有办法学乖。"这一次，他学到了教训，"除非你了解内情，否则，绝对不要买大减价的东西。"

　　他没有因为一时的挫折而放弃，相反，他对此总结了相关的经验并相信他自己一定会成功。后来，他开始涉足股市，在经历了股市的成败得失后，他已赚了一大笔。

　　1936 年是韦特斯最冒险的一年，也是最赚钱的一年。一家叫普莱史顿的金矿开采公司在一次大火中覆灭了。它的全部设备被焚毁，资金严重短缺，股票也跌到了 3 分钱。有一位名叫陶格拉斯·雷德的地质学家，知道韦特斯是个精明的人，就游说他把这个极具潜力的公司买下来，继续开采金矿。韦特斯听了以后，拿出 3.5 万元作开采计划。不到几个月，黄金挖到了，离原来的矿坑只有 213 英尺。

　　刹那间，普莱史顿股票开始往上飞涨，不过不知内情的海湾街上的大户还是认为这种股票不过是昙花一现，早晚会跌下来，所以他们依然纷纷抛出原来的股票。韦特斯抓住了这个机会，他不断地买进，买进，等到他已经买进了普莱史顿的大部分股票时，这种股票的价格已超过了 2 马克。

　　这座金矿，每年毛利达 250 万元。韦特斯在他的股票继续上升的时候把普莱史顿的股票大量卖出，自己留了 50 万股，这 50 万股等于他一分钱都没有花。

节约是种美德

节约是种美德。节约不仅意味着对社会负责，也意味着对人的尊重。在企业中一件产品要经过很多道工序才能完成，工序中的点滴浪费，都会抹杀掉前面很多人的劳动成果。在社会上也是一样，一点一滴的事物都是别人劳动的结晶，任何浪费都是对别人劳动的不尊重。

当然节约更直接地体现为朴素、现实、严谨的生活态度。节约的人能够理解一件事物的价值，并且懂得珍惜和利用，这与华而不实正好相反。懂得惜物者往往也懂得惜人，所以在与人相处中更能尊重人、理解人，有更细腻的感情色彩，这就是节约的人使人感到更加值得信赖的原因。

日本三菱财团创业者岩崎弥太郎是个神话般的人物，在明治时代，日本海运由他一手独占，财力可影响整个日本，号称明治时代财界第一人。就是这样一个人物，岩崎在公益、慈善事业上相当慷慨，自己的生活却很简朴，公司也绝不允许有一点儿浪费。他的得力干将近藤廉平，曾用公司的信笺写私信，被岩崎发现后，立即将他的月薪减了1/3。

岩崎经常说："酒桶塞子一掉下，任何人都会急急忙忙把它塞紧。但桶底如果有缝隙漏酒，往往就没有人发现，也不会把它当回事。渗漏虽然是微不足道的损失，但长年累月就可观了，比塞子掉落事态严重得多。"

其实，很多时候，节约并不完全是为了降低成本，严格说来，它是一种意识，是境界和习惯的产物。

节约首先是有责任心的表现。穷人对公共财物并不是很爱惜，因为在他的意识里，那不是他的。用公家的电话，拉自己的家常；用单位的电脑，聊自己的QQ；用工作的时间，办自己的私事。如此种种，不胜枚举。至于浪费一点儿材料，或者采购的时候价格买得高点，只要在制度许可的范围内，他是不会有太多心痛的。

不是自己的，就可以随便乱来，显然这是种极不负责、极其自私的表现。无恒产者无恒心，穷人常常把自己所处的团体仅仅作为一种生存的环境，把工作当作自身发展的手段，对团体只有利用之心，而无奉献和爱护之意。这种意识一旦成为习惯，推而广之到对待整个社会的态度，就难免表现出对整个社会资源的不负责任。

地球的资源是有限的，每一样事物都有它正常的作用和寿命，浪费一样东西无异于把它们的生命扼杀掉，对于地球资源来说也是一种额外的负担，对依赖地球生存的人类来说，就是一种潜在的威胁。

一些世界著名的大公司，非常注重节约，就是打印纸也规定要双面使用。而大量的小公司，岂止是打印纸，浪费的现象随处可见，这就是一种境界的区别了。

瑞士是世界上最富裕的国家之一，但瑞士人非常节约，他们不买"奔驰""林肯"，而坐普及型的"丰田""雪铁龙"；他们生产"劳力士"，自己却戴普通表；在餐馆点菜太多，超出了胃口的承受能力，店方不是给你优惠，而是罚款……

因此，不管你是穷人还是富人，都应该懂得去节约，这不是吝啬，也不是作秀，而是一种品德，它能让一个人真正懂得财富的意义，而事实也证明，世界上很多的富翁都是十分注重节约的，节约非但没有给他们带来吝啬的骂名，反而使他们的富有变得十分亲切。

和气生财

　　和气生财。这是一句古老而百试不爽的生意经。待人和气，如果用于经商，则可以受到顾客的欢迎，改善商店与顾客的关系，提高商店信誉，促进成交，扩大销售，增加盈利。待人客气，才能增进个人的信誉度，改善个人的人际关系，人缘好了，机会自然滚滚而来。

　　而和气在实际生活中主要表现为微笑和礼貌用语两大方面。孔圣人曾说过："人之初，性本善。"因此，人与人之间的心灵是可以相通的，而和气地对待他人是打开人与人之间心门的一把钥匙。只要你在日常生活中处处做到对人和气，那么，你一定会财源丰满，旅馆大王康拉德·希尔顿就是一个和气生财的人。

　　美国"旅馆大王"希尔顿于1919年把父亲留给他的1.2万美元连同自己挣来的几千美元投资出去，开始了他雄心勃勃的经营旅馆生涯。当他的资产从1500美元奇迹般地增值到几千万美元的时候，他欣喜而自豪地把这一成就告诉母亲，想不到，母亲却淡然地说："依我看，你跟以前根本没有什么两样……事实上你必须把握比几千万美元更值钱的东西：除了对顾客诚实，还要想办法使来希尔顿旅馆的人住过了还想来住，你要想出这样一种简单、容易、不花本钱而行之久远的办法去吸引顾客。这样你的旅馆才有前途。"

　　母亲的忠告使希尔顿陷入迷惘：究竟什么办法才具备母亲指出的"简单、容易、不花本钱而行之久远"这4大条件呢？他冥思苦想，不得其解。于是他逛商店、串旅店，以自己作为一个顾客的亲身感受，得出了答案：用微笑和礼貌用语及身体语言来和气地对待顾客，哪怕是发生争执的时候，甚至可能是顾客的错误的时候，都必须牢记"和气第一"的原则。

从此，希尔顿实行了微笑服务这一独创的和气经营策略。每天他对服务员的第一句话是："你对顾客微笑了没有？"他要求每个员工不论如何辛苦，都要对顾客投以微笑，即使在旅店业务受到经济萧条的严重影响的时候，他也经常提醒职工记住："万万不可把我们心里的愁云摆在脸上，无论旅馆本身遭受的困难如何，希尔顿旅馆服务员脸上的微笑永远是属于旅客的阳光。"

因此，经济危机中幸存的20%的旅馆中，只有希尔顿旅馆服务员的脸上带着微笑。结果，经济萧条刚过，希尔顿旅馆就率先进入新的繁荣时期，跨入了黄金时代。

美国《商业周刊》主编卢·扬大谈到企业管理中的顾客问题时说："大概最重要、最基本的经营管理原则乃是接近顾客，同顾客保持接触，从而满足他们今天的需要并预见他们明天的愿望。可是现在普遍忽视了这个基本前提。"美国的许多学者也通过对美国许多优秀公司的研究，总结出这样一句格言："优秀公司确实非常接近他们的顾客。企业如何接近顾客，微笑服务是法宝。"

这也正好应了中国那句"和气生财"的古话。因此，让自己的性格中多一些和气将有利于人缘和财缘的建立，这对成功也是一种助推剂。

第十章

良好性格打造成功人际关系

学会赞美他人

真诚的赞美，于人于己都有重要意义。对别人来说，他的优点和长处，因你的赞美显得有光彩；对自己来说，表明了你已被别人的优点和长处吸引了。生活中，我们应该学会去称赞别人。

渴望赞扬是每一个人内心的一种基本愿望。美国心理学家威廉·詹姆斯说："人类本性上最深的企图之一是期望被赞美、钦佩、尊重。"

社交场合中，赞美他人已成为一门独立的学问，能否掌握和运用这门学问，使之符合时代的要求，这是衡量现代人的素质的一个标准，也是衡量一个人交际水平高低的标志之一。

很多老师都有这样的经验：对落后的学生，过多的处罚和批评是无济于事的。这些学生粗一看简直一无是处，但你只要找到一件值得赞美的事，对他们予以赞美，他们就会好上一阵子，似乎有了一种脱胎换骨的变化。

赞美固然不能给人的生活带来实质性的改变，但往往对人产生深刻的影响，有的赞美甚至能改变人的一生。由于小小的误会或久未接触，人与人之间难免会产生一定的距离。消除这些距离的很有效的方法就是恰到好处地赞美对方，这样，双方的关系和感情将会更加融洽。

"称赞对温暖人类的灵魂而言，就像阳光一样，没有它，我们就无法成长开花。但是我们大多数的人，只是敏于躲避别人的冷言冷语，我们自己却吝于把赞许的温暖阳光给予别人。"著名的心理学家杰丝·雷耳如是说。

19 世纪初，伦敦有位年轻人立志做一名作家。他好像什么事都不顺利。这位年轻人还时常受饥饿之苦。他几乎有 4 年的时间没有上学。

他的父亲锒铛入狱，只因无法偿还债务。最后，他找到一份工作，在一个老鼠横行的货仓里贴鞋油底的标签，晚上在一间阴森静谧的房子里，和另外两个男孩一起睡，他们两个人是从伦敦的贫民窟来的。他对自己的作品毫无信心，所以他趁深夜溜出去，把他的第一篇稿子寄出去，免得遭人笑话，一个接一个的故事都被退稿，但最后他终于被人接受了。虽然他一先令都没等到，但是一位编辑夸奖了他。这位编辑发现了他的才华。他的心情太激动了，为此他漫无目的地在街上乱逛，泪流满面。

你也许听说过这个男孩，他的名字叫查尔斯·狄更斯。因为一个故事的付梓，他所获得的嘉许，改变了他的一生。假如不是那位编辑的夸奖，他可能一辈子都在老鼠横行的工厂做工。

史金纳的基本观点是用赞美来代替批评和冷漠，这位伟大的心理学家以动物和人的实验来证实，当批评减少而多多鼓励和夸奖时，人所做的好事会增加，而那些消极堕落的事会减少。

谈到改变人，假如你我愿意激励一个人来了解他自己所拥有的内在宝藏，那我们所能做的就不只是改变人了，我们能彻底地改造他。人人都渴望被赏识和认同，而且会不计一切去得到它。但没有人会要阿谀这种不诚恳的东西。

威廉·詹姆斯是美国有史以来最有名、最杰出的心理学家之一，他认为："往大处讲，每一个人离他的极限还远得很。他拥有各种能力，但未能运用它。若与我们的潜能相比，我们只是半醒状态。我们只利用了我们的肉体和心智能源的极小的一部分而已。"

在这些我们没能开发的能力之中，有一种能力你必定没有发挥出来，那就是赞美别人、鼓励别人、激励人们发挥潜在的能力。我们有时候会感觉大部分朋友对我们表现良好的地方好像都不置一语，视为理所当然，可是当我们犯了错误，马上就有人来提醒我们，责备我们，甚至训斥我们。能力会在批评下萎缩，而在赞美下绽放花朵。要成为人类有效的领导者，我们要赞美最细小的进步，而且是赞扬每一次的进步。要诚恳地认同和慷慨地赞美。

但是，若在赞美别人时，不审时度势，不掌握一定的技巧，即使你是真诚地赞美，也会使好事变为坏事。因此，赞美是件好事情，但并不是一件很容易就做到的事情。

所以，要注意使用正确的赞美方法。

1. 尊重事实，用词得体

赞美只能在事实的基础上进行。在开口称赞别人之前，先要掂量一下，这种赞美有没有事实根据，对方听了是否会相信，第三者听了是否不以为然。一旦出现异议，你是否具有足够的证据来证明自己的赞美是站得住脚的。

2. 曲线赞美他人

在赞美别人时，如果太直截了当，有时反而会使他感到虚假，或者会使人疑心你不是真诚的。一般来说，曲线赞美无论在大众场合，或在个别场合，都能传达到所赞美的对象，除了起到赞美和鼓舞作用，还能使对方感到你的赞美是发自肺腑的。

3. 内容热忱具体

缺乏热诚的空洞的称赞并不能使对方感到高兴，有时甚至会引起对方的反感，进而认为你是一个虚伪的人，因为你不真诚的态度说出敷衍的话是赞美别人时最忌讳的。因此，一定要牢记，在赞美别人的时候去发现对方身上的闪光点，然后真诚地对他的闪光点进行赞美。这样你的赞美才是真诚而有效的。

4. 把握赞美的度

合理地把握赞美的"度"，是一个必须重视的问题。这一点十分重要。因为适度的赞美，会使人心情舒畅；否则，使人难堪、反感，或觉得你在拍马屁。

当然，应将"赞美"和"拍马屁"区别开来。赞美是一门艺术，可以使别人和自己快乐；而"马屁功夫"是阿谀奉承且庸俗的东西，一旦落入"拍马屁"的陷阱内，那么你的赞美便不是成功的赞美。一般来说，必须做到以下3点。

（1）赞美他人要实事求是，恰如其分。

（2）赞美的方式要适宜，即针对不同的对象，采取不同的赞美方式和口吻去适应对方。如对年轻人，语气上可稍带夸张些；对德高望重的长者，语气上应带有尊重的口吻；对思维机敏的人，要直截了当；对有疑虑心理的人，表达要尽量明显，把话说透。

（3）赞美的频率要适当，在一定时间内，赞美他人的次数越多，赞美的作用就越小，尤其是对同一个人。

所谓"送人玫瑰，手留余香"，因此，不要吝啬你对他人的真诚的赞美，要知道你在赞美他人的同时也是对自己的一种肯定。

算来算去算自己

中国自古就有句话："聪明反被聪明误。"说的就是一个人不要太算计，因为你算来算去还是在算计你自己，你并没有从中得到什么，而通常爱算计的人都是心机较重的人，他们十分看重得失，总喜欢和他人计较。但这种人往往活得很累，算计来、算计去，到头来还是一场空。《红楼梦》中的王熙凤就是这样一个精于算计的人，但也正是她的算计最终误了自己的性命。

天天想算计别人的人，最终肯定会被别人算计，做人要有"心眼"的目的不是用"心眼"去算计别人，而是用"心眼"去保护自己，以防被他人算计。

社会上就是有那样一帮人，心术不正搞歪门邪道，堵塞别人的道路，以破坏别人的成功为乐，让许多人深受其害。

从古到今，有这样一类人，自己没有本钱，总是帮别人出谋划策，从而分一杯羹。春秋战国时有一家就叫纵横家，专门吃这碗饭，而且不管主子是谁，朝秦暮楚，一样地效力。后来多叫门客，叫幕僚，叫师爷，叫谋士。现在也有，非正式的称号叫策划。一个熟人搞了套电视节目，把你挂在策划这一档上，可见策划是非正式职务。上电视标出你是策划，纵没有实惠，也有点面子。

会算计的人就是这帮人里的伪劣产品，他们既称不上纵横家的"家"，也算不上走私犯之类的"犯"，在专家们与罪犯们之外，生活在我们中间，就是人们常说的"会算计的人"。会算计的人，虽无专长，但也能算计来一官半职。他们不会为民解忧，但会把别人干的功劳归自己；自己不会写小说写诗歌写散文，但会写批判文章，把别人的成果一笔抹杀；自己不会盖楼房，但会找两个钉子户，让你连地基也甭想打……这类人，不显山露水，好处捞够了就行。这类人犯错也不会大。这类人总占好处，得名得利，但到头来也什么都没留下。这类人你见过，我见过，他也见过，像蚊子苍蝇虽说闹不了大事，但也绝不了种。

当然，存在的就是合理的，这种人也不是没有"好处"的。

有了会算计的人，才会有被算计的成功。远的说李白、杜甫，李白仕途不达，杜甫功名不就，乃有李杜诗名千古传；近的说鲁迅，若不是那么多人算计围剿，哪有这举世无双的鲁氏杂文？

有了会算计的人，我们会增长许多生存能力。学会与这类人打交道，一不上火，二不生气，也会知道什么东西不值得让你变得与这类人一样下作。该丢的丢了就是，该舍的舍它而去，并不使你活得更差。因此，你不妨把此类人当作心理健康教师，让你时时有个标准：这样做会让我也变成"这类"了吗？

有了会算计的人，社会也有了一些"环保信息"。蚊子苍蝇闹不了大事，但蚊子苍蝇成了气候，得了势，那就说明这里有了腐败之气了，可以下大功夫清除这些垃圾了。所以说做人不要算计人，你的"心眼"要用于正道，一样可以有所作为，功成名就。如做一个小人，不但事业不成，还会留下骂名，实乃做人的大失。

与人交往保持适度的弹性

人们知道松软、富有弹性的东西可以避免或减轻物体之间的碰撞或挤压。人际交往是同样的道理。交际如果带上了一定的弹性，就可以缓和彼此的矛盾，消除相互之间的误会，还给自己留下了慎重考虑、再作选择的余地，从而更好地达到交际的目的。

1. 和初次接触的人交往

因为是初交，彼此不怎么了解，心灵尚未沟通，如果过急地亲密，则很容易让人产生交际动机不纯或交际态度轻薄的看法。

生活中有许多人和别人打交道时总是"自来熟"，使人大惑不解，其真诚程度往往大大地打了折扣。相反，如果在初次交往时过于冷淡，又易使人产生你目中无人或深不可测、老谋深算的感觉，使人望而生畏。一般来讲，许多人不愿与过于老成的人交往，因为和这类人交往总得带着戒备的心理，以防被对方捉弄。所以，在初次与别人交往时，应通过逐步的接触，视了解的程度和可不可交的情况来确定交往的深度和关系的疏密。当然，因过于谨慎、过于冷漠而失去交友的良机，也是让人遗憾的事情。在初次交往时最聪明的做法是让你的交往带上弹性，有自由伸缩的余地，这样就既能把握住良机，又能慎重、充裕地来进行交往。

2. 和有隔阂的人交往

人与人之间总是难免存在着隔阂，一旦隔阂存在，在交往时必然会产生一定的戒备心理。

所以，和与自己有隔阂的人交往时，一般应既主动接近，又保持适当的距离；既"察言观色"，掌握对方心理，又不过于敏感，捕风捉影，胡猜乱疑。一切都应处理得从容不迫，富有弹性，留有余地，随着交往的增多，彼此重新认识并意识到过去的误解或认识上的差异，那么，双方的隔阂或矛盾就会自然消除。

3. 在一些特定场合下的交往

有些场合的交往也需要讲究点弹性，比如，在公关活动中，在商业、外交谈判中。这些特殊的交往如果不讲究"弹性"策略，就会操之过急或失之偏颇，一般来讲，在公关活动中，双方既是竞争对手，又是合作伙伴；既可能是敌人，也可能是朋友，在这种情况下的交往，就是要在双方既矛盾又统一的状态中，寻找双方都需要和乐于接受的东西。这就需要"弹性"策略，既把关系处理得松紧适度，易于回旋，又能保证不增加矛盾冲突，便于进一步增进联络、加强合作。

4. 在特定情形下的交往

人们进行交往总离不开语言。有些特定语境使人们在言语交际中不可把话说得太肯定、太绝对，而应该灵活多变，可上可下，可宽可窄，可进可退，这也需要在语言交际中带上一定的弹性。

吃亏是福

聪明的人能从吃亏中学到智慧，悟透人生。在中国传统思想中，有"吃亏是福"一说。这是中国哲人所总结出来的一种人生观——它包括了愚笨者的智慧、柔弱者的力量，领略了生命含义的旷达和由吃亏退隐而带来的安稳与宁静。与这样貌似消极的哲学相比，一切所谓积极的哲学会显得幼稚与不够稳重，以及不够圆熟。

"吃亏是福"的信奉者，同时一定是一个"和平主义"的信仰者。林语堂在《生活的艺术》中对所谓"和平主义者"这样写道："中国和平主义的根源，就是能忍耐暂时的失败，静待时机，相信在万物的体系中，在大自然动力和反动力的规律运行之上，没有一个人能永远占着便宜，也没有一个人永远做'傻子'。"

大智者，常常是若愚的。而且，唯有其"若愚"，才显其"大智"本色。其中的"若"这个字在这里很重要，是"像"的意思，而不是"是"的意义。以下是唐代的寒山与拾得（他们二人实际上是一种开启人的解脱智慧的象征）两个人的对话。

一日，寒山谓拾得："今有人侮我、笑我、藐视我、毁我、伤我、嫌恶恨我、诡谲欺我，则奈何？"拾得曰："子但忍受之，依他、让他、敬他、避他、苦苦耐他、不要理他。且过几年，你再看他。"

那个高傲不可一世的人的结局就可想而知了，而我们也一定可以想象得出拾得的胜利的微笑——尽管这可能是一种超脱圆滑者的微笑。不过，它的确会给我们的生活带来一些好处。

"扑满"，就是我们常常说的用瓷或泥做的储蓄盒。在小时候，我们常将父母给的一些零用钱放进去，当这个储蓄盒满的时候，我们就将这储蓄盒打破，而将其中的钱取出来。然而，当它空的时候，它可以保全它的自身。

所以，如果我们知道福祸常常是并行不悖的，而且福尽则祸亦至，而祸退福亦来的道理，那么，我们就真的应采取"愚""让""怯""谦"这样的态度来避祸趋福。所以，像"愚""让""怯""谦"这样道气十足的话，即使不是出于孔子之口，也必定是哲人之言，也是中国传统思想中的一部分。

"吃亏"也许是指物质上的损失，但是一个人的幸福与否，往往是取决于他的心境如何。如果我们用外在的东西，换来了心灵上的平和，那无疑是获得了人生的幸福，这便是值得的。

若一个人处处不肯吃亏，则处处必想占便宜，于是，妄想日生，骄心日盛。一个人一旦有了骄狂的态势，肯定会侵害别人的利益，于是起纷争，在四面楚歌之下，又焉有不败之理？

因此，人最难做到的，即"吃亏是福"的前提，一个是"知足"，另一个就是"安分"。"知足"则会对一切感到满意，对所得到的一切，内心充满感激之情；"安分"则使人从来不奢望那些根本就不可能得到的或根本就不存在的东西。没有妄想，也就不会有邪念。所以，表面上看来"吃亏是福"以及"知足""安分"会予人以不思进取之嫌，但是，这些思想也是在教导人们要成为对自己有清醒认识的人，做一个清醒正常的人。因为一个非常明白的事实，即不需要任何理论就可以证明的是，一切的祸患，不都是在于人的"不知足"与"不安分"，或者说是不肯吃亏上吗？

因此，当你在生活中、在人际交往中感觉自己吃了亏的时候，不要去抱怨什么，以平静的心态去对待这一切，曰：吃亏是福。

难得糊涂

中国自古就有"大智若愚""傻人傻福"一说，其意思也在于在该糊涂的事上糊涂，在不该糊涂的事上是坚决不能糊涂。其实，真正的糊涂并非不明是非、不辨真理，而是洞察世事，一切大彻大悟后的一种宁静与置之不闻，同时是一种不去计较、从容的生活态度。

一个真正懂得糊涂的人在生活中更能站在生活之外观察生活。因为不计较得失而更容易过得快乐，因此，一个人若在为人处世上也难得糊涂，他一定会在以下方面受益。

1. 避免矛盾和纷争

生活中总是不可避免地存在着这样或那样的各种各样的矛盾和纷争，而这些矛盾和纷争又往往是由一些生活中的小事所引起的，如果我们采取难得糊涂的态度，睁一只眼闭一只眼，很容易小事化了。而如果你一点都不糊涂，一是一，二是二，矛盾、纷争，甚至流血牺牲都有可能发生。

生活中有很多精明的人总是喜欢揪别人的辫子，抓别人的缺点，以为这样做就会显示自己比他人高明，实际上这种语言、行为上的丝毫不糊涂却是造成两个人关系疏远、分道扬镳，甚至成为仇敌的根本原因。因此，糊涂一点儿对于一个人而言没有什么不好，在该糊涂的地方糊涂也是人生至高的一种智慧。

2. 可以使自己心态平和

与人交往、处世的关键是使心情愉快，但在现实人际交往中，似乎我们很难做到，我们的心情总是受到人际关系的牵制。心态平和是心情愉快的前提，难得糊涂就可以使一个人心态平和。

如果你是一个牙尖嘴利、眼尖手快的人，你必然会发现一些别人注意不到的东西，如果你一笑置之，不加追究，不久你就会忘掉这些东西，一旦你觉得自己无法不指出来，非要给他人一个昭示，既弄得他人满心不快活，恐怕你自己的心也难以平静下来。因此，与其让自己陷入其中难以自拔，那远不如糊涂一点，不去追究那么多，让自己活得更加轻松一点儿。

3. 于己方便

人常说："给人方便，于己方便。"难得糊涂无非就是给人方便，给人方便，人就会对你也方便。两个过于精明的人就像两只正在酣斗的公鸡一样，非要分出个你胜我败来，这于健康的身心是没有什么益处的。

如果你是一个处处不糊涂的人，总是圆睁双眼、提高警惕地生活，那你累不累呀？你有没有身心疲惫的时候？你何不像一个大智若愚的人那样难得糊涂一下！

（1）要做到难得糊涂，一个人就应具备宽容的美德。有了宽容心，你完全可以对那些鸡毛蒜皮之类的小事付诸一笑，你完全可以对并不重要的事糊涂一下，你完全可以对无关紧要的事网开一面。

如果你这样做了，你会处于一个快乐的心境之中，正如人们常说的："原谅使人快活。"

（2）像宋代的吕端一样"小事糊涂，大事不糊涂"。要分清什么是大事，什么是小事。如果你是一个法官，对于贪污腐败、行贿受贿之类的事绝不能糊涂；而对同事把你一盒烟拿了、不小心碰了你一下这种小事完全可以糊涂一下。

（3）别成为一个过于精明的人。过于精明的人常好为人师，指手画脚，求全责备，对人苛刻，眼睛里容不得半点不合意之处。这种精明人为了显示其精明处，常常是横挑鼻子竖挑眼，从来都不会难得糊涂一下的，这种人属于招人厌的那一类。

内方外圆的处世之道

相信大家都见过中国古代的铜钱，也一定注意到了它外圆内方的特征，这也正是中国辩证哲学在人际关系的处理上的集中体现：内心刚正而处世圆滑。一枚小小的铜钱将中国内方外圆的处世之道演绎得淋漓尽致。

内心刚正自然是指内心的正直与善良，而处世圆滑绝不是圆滑世故，更不是平庸无能，这种圆是圆通，是一种宽厚、融通，是大智若愚，是与人为善，是居高临下、明察秋毫之后，心智的高度健全和成熟。不因洞察别人的弱点而咄咄逼人，不因自己比别人高明而盛气凌人，任何时候也不会因坚持自己的个性和主张让人感到压迫和惧怕，任何情况都不会随波逐流，要潜移默化别人又绝不会让人感到是强加于人……这需要极高的素质，很高的悟性和技巧，这是做人的高尚境界。

圆的压力最小，圆的张力最大，圆的可塑性最强。

这圆好做又不好做。好做是因为如果人真正有大智慧、大胸襟，真正能自强自信、心态平和、心地善良，凡事都往好的一面想，凡事都能站在对方的立场为他人着想，人的弱点皆能原谅，即便是遇见恶魔也坚信自己能道高一丈，如真能那样，人还有什么做不好呢？

如若不是这样，凡内心孤独的人必喜虚张声势；内心弱小的人必好狐假虎威；心中有鬼的人必爱玩弄伎俩；没有自信的人必会尖酸刻薄，试问这样的做人又从何谈圆？

当然不乏有人为了某种利益和目的而不惜敛声屏息，不惜八面讨好，不惜左右逢"圆"。但这种圆和那种圆绝对有本质的区别，这种

"圆"的后面是虚伪和丑恶。而我们所提倡的"圆"并非虚伪和丑恶，而是在人际交往中要懂得变通，能与任何性格的人较畅通地打交道，并且在与人交往的过程中不断地提高自身并收获人脉。它更是一种与人进行交流的技巧，有利于人与人之间更加畅通地进行沟通和交流。

任何成功的后面都包含着牺牲。如果说有人能做到内方外圆的话，那也肯定包含了许多的牺牲。比如说，做事要方，做事要有规矩、有原则，那就意味着许多事不能做、许多事又非要做，那无疑也就意味着会得罪许多人，惹恼许多人，意味着要舍弃许多利益甚至招来杀身之祸。如中国的民族英雄岳飞，但在"忠"君和"忠"国之间，为了"忠"舍弃了"孝"。为了这种原则，他惨死在风波亭。

做人圆，那也会有牺牲。有时要牺牲小我；有时要忍辱负重，忍气吞声；更多的时候要承受屈辱、误解，甚至来自至亲至爱的人的伤害。如明明你在履行一项神圣的职责，别人却以为你好大喜功；明明你是深谋远虑，别人却认为你是哗众取宠。

小牺牲换来小成功，大牺牲换来大成功。能做到"方""圆"的，同时并没有感到那是一种牺牲、痛苦的才是大成功、大境界；能为了"方""圆"去承受牺牲的是小成功、小境界；不愿牺牲也做不到"方""圆"的是不成功。如果截然相反，只要有利，不择手段、什么都敢干、心狠手辣的话，那这个人一定会糟糕透顶，不能容于天下了。

做人若能做到像一枚小小的铜钱一般，也就达到了人生的一个境界，内心的正直、善良、美丽均通过那"圆"的外在形式委婉地表达出来，让所有的人都能接受，这有利于良好的人际交往。

改变在人际交往方面的消极态度

　　拥有丰富多彩的人际关系是每一个现代人的需要。可是，现实生活中，很多人的这种需要都没有得到满足。他们总是慨叹世界上缺少真情，缺少帮助，缺少爱，那种强烈的孤独感困扰着他们，折磨着他们。其实，很多人之所以缺少朋友，仅仅是他们在人际交往中总是采取消极的、被动的退缩方式，总是期待友谊从天而降。这样，虽然他们生活在一个人来人往的工作场所，却仍然无法摆脱心灵上的孤寂。这些人，只做交往的响应者，不做交往的始动者。

　　要知道，别的同事是没有理由无缘无故对我们感兴趣的。因此，如果想赢得别人的友情，与别人建立良好的人际关系，摆脱孤独的折磨，就必须主动交往。而主动交往的第一步便是对建立良好的人际关系抱有较好的态度，这样才能迈开人际交往的第一步。但遗憾的是很多人就是在这一点上出了问题。出于很多种的原因，他们总是对人际交往采取一种十分消极的态度，有排斥、恐惧、厌烦，进而远离人群，将自己封闭在自己的个人世界里。

　　心理学家研究发现，有两方面原因影响人们不能主动交往，而采取被动退缩的交往方式：

　　一方面是生怕自己的主动交往不会引起别人的积极响应，从而使自己陷入窘迫、尴尬的境地，进而伤及脆弱的自尊心。而实际上，在现实生活中，每一个人都有交往的需要，因此，我们主动而别人不采取响应的情况是极其少见的。试想，如果别人主动对你打招呼，你会采取拒绝的态度吗？比如，生活中会有这样一种非常有趣的现象：在硬座火车上，坐在一个"隔间"里面有 6 个人，如果这 6 个人里面至少有一个是主动交往的人，那么他们总是谈得热火朝天，一路上充满欢声笑语；如果这6个人没有一个人主动和别人交往，那么，从起点坐到终点，他们会始终处在无聊的气氛中，看书也没劲，对望又很尴尬，所以干脆闭上眼睛养神。与其尴尬地面面相觑，还不如主动打招呼，换得一路不寂寞，不是很好吗？当你尝试着主动和别人打招呼、攀谈时，你会发现，人际交往是如此容易。

另一方面，人们心里对主动交往有很多误解。比如，有的人会认为"先同别人打招呼，显得自己低贱""我这样麻烦别人，人家肯定会烦的""我又没有和他打过交道，他怎么会帮我的忙呢"等。其实，这些都是害人不浅的误解，没有任何可靠的证据能证明其正确性。但是，这些观念实实在在地起着作用，阻碍了人们在交往中采取主动的方式，从而失去了很多结识别人、发展友谊的机会。

当你因为某种担心而不敢主动同别人交往时，最好去实践一下，用事实去证明你的担心是多余的。不断地尝试，会积累你成功的经验，增强你的自信心，使你在工作场合的人际关系状况越来越好。

其实，社交对一个人建立良好的人际关系是非常重要的第一步，因此，克服社交的消极心理是大为重要的。那么，克服社交的消极心理、建立和谐的人际关系就从现在开始吧！

（1）列出一张人名表。表上记载着同你所希望接触的社会领域有联系的人。在需要的时候去挑选能够助你一臂之力的人。

（2）为了建立关系网，你应该善于把自己同别人联系起来。你可以通过公司的同行或者是合作伙伴，建立更广的人际圈。

（3）让更多的人了解你。不论你想向哪一个方面发展，最重要的是使决定你命运的人了解你。如果你从早到晚只是埋头待在办公室，那么你根本无法实现你的目标。

（4）显得更忙碌些。今后你不论到哪里都带上点东西，文件、表格、书等。让其他人都注意到你的忙碌。因为这足以表现出你的抱负和进取心，更容易获得他人的信任和帮助。

（5）找机会与高层领导接触。尽量错开公司内部的邮件来往，把需要报送的材料亲自送去。这样做有两个好处：一是提升了自己在别的部门的知名度，最终把自己同其他的同事联系起来，建立自己的信息渠道。二是你将有更多机会接触到高层领导。

（6）把自己同组织、团体联系起来。记住，你现在的工作不是你非要干一生的岗位，今后你还会有更理想、更适合自己的岗位。因此你应该把自己同本行业或者相关行业的组织联系起来，树立自己在其中的人缘。今后你准备换工作的时候将大有益处。

其实，上面说了这么多无非想让我们知道与人打交道、进行人际交往是件很简单的事，并没有我们想象中的那样可怕。只要我们敢于打开我们的心扉，用一种积极的心态来加入人际交往中，主动地与别人建立良好的人际关系，就一定能够在短时间内建立起良好的人际关系。

不要再犹豫了，也不要再被内心消极的社交态度左右了，从现在开始，彻底摆脱和改变内心的消极态度，以积极的态度开始你的人际关系吧！

第十一章

培养和锻造 9 种成功的性格

培养学习型性格

学习是一种爱好，学习是一种兴趣，学习是一种状态，学习是一种追求，学习是一种获得，学习是一种提升，学习是一种熔炼，学习是一种滋润。大凡成功者都是勤于学习的人。成功者因为学习而实现超越。即使我们现在不成功，也要通过学习及时地为自己充电，勇敢地涉足自己不曾了解的知识领域。

朱熹说："无一事而不学，无一时而不学，无一处而不学，成功之路也。"

世界级管理大师彼得·圣吉说："21世纪最具生命力的企业将是学习型的企业。"美国最具影响力的杂志《财富》也曾刊登过这样一句话："未来最成功的公司，将是那些基于学习型组织的公司。"

由此可见，无论是个人还是公司，学习都是如此的重要，而勤于学习也是成功人士的秘诀。所以，我们要想成功，只有通过学习，不断提高自己，不断完善自己，不断超越自己。这是走向成功的唯一选择。

当然，学习过程中要管理好自己的时间，也要讲求方法和效率。

学习时可以遵循以下方法来管理时间：

（1）学会给时间画图纸。有效管理时间就要养成良好的利用时间的习惯，办事不拖延，不必事必躬亲，在记事本上记录重要的事情，尽量一次性完成一项工作，劳逸结合；分清轻重缓急，今天的事情今天办。

（2）学会占有时间。时间是无私的，它给每个人的一天都是24个小时。只有学会占有时间，才不会让自己活在空虚无聊之中。

（3）向空间要时间。比如在早上起床时，可以听听新闻或听听英语，让耳朵发挥作用，这样可以学到更多的东西；在卧室或洗手间的镜子上，贴上各种知识小卡片或者制作一些可以随身携带的知识卡片，以便随时都可以学习。如果充分利用生活中的更多空间，我们就会发现以前很多没有时间做的事情现在都可以做到。

（4）做时间的小偷。爱因斯坦就是著名的时间小偷。他在研究相对论的时候，尽管他利用了所有的业余时间，但是，专利局规定上班时间不准做私事，所以爱因斯坦只好偷偷做，他把抽屉拉开一个间隙，拿出一张纸，一边演算，一边听着门外，听到脚步声，他就马上把纸放进抽屉，躲过检查。

总之，一个会管理时间的人，永远也不会觉得时间不够用，因为他会从各个方面找到时间。他也懂得珍惜每一分钟，合理利用每一分钟。

下面我们来说一说学习的方法和效率。掌握了正确的学习方法，效率自然会有所提高。

让学习成为一种习惯。习惯一旦形成，便很难改变，所以，我们要让学习成为一种习惯，只有这样，我们才能让自己每时每刻都处于一种学习的状态。

要会学习。爱学习不等于会学习，有的人学习一天可能也没有别人学习一个小时的效率高，这是因为他不会学习。学习要使用科学的方法，如训练创造性思维，复杂问题简单化，自由想象；利用身边的一切资源丰富自己的知识，选择适合自己的学习方法等。只有根据自己的实际情况，才能找到适合自己的方法。

学习要有目标。目标能给人动力，目标能给人指明方向。不管做任何事都要有目标，学习也不例外。只有朝着既定的目标方向努力，才会有收获，才会成功。

总而言之，培养学习型性格是时代的需要，是发展的需要，是成功的需要，更是生存的需要。我们每个人都应该培养自己的学习型性格。

培养善思型性格

思索，可以改变贫穷，创造财富；思索，可以改变命运，创造奇迹；思索，可以改变愚昧，创造智慧。成功的人生，离不开理智的思索。每天我们都要面对各种各样的困惑，只有通过思索，我们才能打开困惑之门；只有通过思索，我们才能找到希望；只有通过思索，我们才能充满智慧；只有通过思索，我们才能勇于创新，与时俱进。只有创新才能让我们的头脑永远保持清醒，让我们的身心永远年轻。

世界上勤奋的人难以计数，但在事业上获得成功的人不是很多，那是因为不是每个人都会正确地思考。如果善于用脑，拼命去做，你会发现，希望就在前面闪烁。都说足智多谋，所谓"谋"，即谋算、计谋。考虑计算得失利弊，谋划可能产生的结果。以最低的价格，最小的风险，谋取最高的利益；以最快、最好的策略方法去谋取目标的实现。这是多谋的理想与目的。多谋的关键是什么？是符合自己现实条件的合算。一件事究竟怎么做才合算，必须审时度势，做慎重的调查分析。某个方法看起来先进，但不一定符合你现有的条件和实际情况。

松下幸之助就是很好地运用了他的善思性格并最终取得成功。

1917 年，松下幸之助在确立自己事业方向上，靠的就是在自己智慧的基础上形成强烈的超前意识。严格地讲，松下幸之助能同电器结下不解之缘并没有内在的必然联系，他的祖上经营土地，父亲从事米行，而他进入社会首先是涉足商业，所有这些都与电器制造相去甚远，况且有关电的行业在当时更是凤毛麟角。然而，他深信电作为一种新式能源，在给人类带来方便的同时，也会带来更多的希望。

20 世纪 50 年代，松下幸之助第一次访问美国和西欧时发现欧美强大的生产力主要基于民主的体制和现代的科技，尽管日本在上述方面还相当落后，然而这一趋势将是历史的必然。松下幸之助正是把握住了这一超前趋势，在日本产业界率先进行了民主体制改革。政治上给予产业充分的自主权，建立了合理的劳资体制和劳资关系；经济上他改革了日本的低工资制，使职工工资超过欧洲，接近美国水平，并建立了必要的职工退休金，使员工的物质利益得到充分满足；劳动制度上实现每周 5 天工作日，这在当时的日本还是第一家。松下幸之助认为：这一改革并非单纯增加一天休息，而是为了进一步促进产品的质量，好的工作成就产生愉快的假日；愉快的假日情绪会导致更出色的工作效率。只有这样，生产才能突飞猛进，效益才能日新月异。

人的一生都需要思索。失败的时候，需要冷静思索；成功以后，需要理性思索；困惑面前，需要积极思索；人生转折的关键时刻，需要认真思索；遇到棘手的问题，需要果断思索；众议迭出、莫衷一是的时候需要全面思索。总之，思索将伴随人的一生。要学会思索，可以参考以下几条建议。

1. 勤于思索

要养成思索的习惯，凡事都要进行思考，才能找出正确的解决办法。不经过思考的话和不经过思考的事都不要贸然去说、贸然去做。养成勤于思索的习惯，还可以使一个人善于动脑，形成缜密细致的性格。

2. 不断思索

思索是一个连续的、不间断的思维过程，因此，在解决问题的过程中要不断地思索，对各个环节、各个细节都要进行充分的考虑，这样才能避免出现差错和漏洞。

3. 透过现象看本质

现象只是表面的东西，每一个现象的背后都有问题的本质，我们只有留心每一个现象，才可以发现问题的本质。只凭借现象做出的判断是不准确的，学会思索，看清现象后的实质，才能作出正确判断。

4. 学会进行总结

思索是用大脑对信息筛选、过滤、综合的过程，思索的目的就是要得到结论。因此，我们在思索的过程中要进行总结，这样思索的过程才会是有意义的。

5．不断地反省自己

古语有云："吾日三省吾身。"我们只有不断地反躬自省，不断地检查自己的行为和思想，找到自己的缺陷和不足，才能提高思索的质量。

6．凡事多问为什么

一个问题的解决，往往隐藏着很深的答案；一个问题的原因，往往也有很多的方面。只满足于表面的答案，会限制思维的发展，不利于问题的解决。因此，对任何问题都要多问几个为什么，追根究底，挖掘思索的潜力，说不定答案与现象是不一致的。

培养独立型性格

美国成功学家、教育学家柯维把人生的成长分为 3 个层次：分别是依赖、独立、互赖。

依赖的着眼点在对方——对方照顾我，对方为我的成败得失负责任，事情若有差错，我便怪罪于对方；

独立着眼于自己——我可以自立，我为自己负责，我可以自由选择；

互赖是从大家的观念出发——我们可以自主、合作、集思广益，共同开创美好的人生。

第一个层次的人依赖心重，靠别人来完成愿望；第二层次的人独立自主，自己打天下；第三层次的人，他们群策群力达到成功。

在依赖阶段，如果生理上无法自立，比如身体残疾，便需要别人的帮助；情感上不能独立，他的价值观和安全感建立在别人的评价上，一旦无法取悦别人，个人便失去价值；知识上无法独立，就要依赖别人代为思考，解决生活中的大小问题。

在独立阶段，生理上独立的人可以行动自主；心智独立的人可以有自己的思想，具备抽象思考、创造分析、组织与表达能力；情感上独立的人能够肯定自我，不在乎外界的毁誉。

由此可见，独立比依赖成熟得多，拥有真正独立的人格，能够事事操之在我，不受制于人。

一个人的奋斗过程，也就是追求独立的过程，包括生存独立、经济独立、思想独立、感情独立、人格独立、意志独立等等。独立可以成就一个人的一生。养成了独立的性格，我们就可以主宰命运，就可以做命运的主人。

著名作家刘墉为了培养儿子独立的性格，锻炼儿子的独立生存能力，在儿子上高中时，他把儿子送到一所离家很远的学校。

母豹在小豹长大以后，要将小豹领到悬崖上，狠心地将其往悬崖下推，迫使它不得不牢牢地用爪子抓住崖下的石头往上爬，其实这也是为了锻炼小豹的独立生存能力。

有位哲人说过：一个没有经历过磨难的生命，会存在许多的遗憾。一个人一生中不可能一帆风顺，总有面对友爱、挫折、困难的时候。我们是否是一个性格独立的人，才是能否成功的关键。

独立，就意味着离开家的庇护，离开对朋友的依赖，自己独立去走自己的路。我们应该清楚自己才是自己的主人，只有自己才能帮助自己到达成功的顶峰。郑板桥说过："流自己的汗，吃自己的饭。"这是对独立的最好解释。如果不靠自己的努力，那谁也保证不了你的成功。

一个人只有彻底摒弃依附别人的个性，养成独立的性格，才不会把自己的命运寄托在所依附的人身上，也只有这样，才会拥有成功的人生。香港著名财经小说作家梁凤仪即是一例。

梁凤仪的小说，主角多是以女性为主。她们活跃于社会各阶层，在事业上敢于同男性正面竞争，但同时，不失传统女性的温柔、贤淑、细腻和体贴。在故事中，这些近乎完美的女性能够热切地追求美好的爱情，渴望建立一个幸福的家庭，她们可以执着地爱一个男人，但绝不会依赖男人的力量来建立事业。

梁凤仪与她的大学同学何文汇于 1972 年结婚后前往英国陪读。到伦敦后，梁凤仪成为一个纯粹的家庭主妇，她每日在家打扫房间、买菜、做饭，着实过了一段恬静安适、波澜不惊的生活。

但是聪明的梁凤仪发现了这种平静的家庭生活不是她所想要的，只有自己独立，有自己的事业，事业和家庭并重，一个女人的人生才算完整。

1974 年，她又随丈夫陪读到美国，后因到美国后生活窘迫而于1975 年回到香港，受聘于香港综艺电视台，任编剧及戏剧创作人。

随后，梁凤仪成立了香港第一家"菲佣介绍公司"。该公司没赚很多钱，在香港却造成很大影响，引起了新鸿基证券集团董事局的注意。新鸿基的老板冯景禧是香港华资金融王国的当家人，他亲自向梁凤仪发出邀请，聘请梁凤仪到新鸿基集团任高级职员，主管公关部门及广告部门。从此，梁凤仪正式踏入了香港财经界。她从零开始，勤奋学习，很快便成为冯景禧手下最受重用的几员干将之一。这段生活也是她日后财经小说中的重要素材。

然而就在梁凤仪在财经界大展宏图之际，她的婚姻生活却亮起了红灯。因为何文汇远在美国任教，对为了事业冷落家庭的梁凤仪表示出不满。梁凤仪在伤心和困惑之后，做出了痛苦的抉择。

梁凤仪和何文汇的离婚，是君子式的，理智而坦然。梁凤仪和何文汇君子式地分手后，至今还保持着君子式的交往。

梁凤仪能够这样平心静气地对待婚姻的破裂，是因为她有自己丰富完整的人格。她不需要依附于任何男人。她曾感慨过这个男女不平等的社会对于职业女性的不公和压力："当一个女人要把自己连名带姓地依附在一个男人名下时，原来会有很多掣肘。"

与此同时，梁凤仪对写作的热情得到升华。她拿起了笔，不断地写出了很多脍炙人口的好作品，这与她丰富的人生经历也是分不开的。

由于才华出众，经验独特，她的小说多以香港风云变幻的商界为背景、以自立奋斗的女强人为主人公、以缠绵悱恻的爱情故事为中心情节，并将财经知识和经营管理知识融于悲欢离合之中，创造出与以往言情小说风格迥异的"财经小说"系列，为当今香港小说增添了新品种。

培养豪爽型性格

豪爽的人给人一种亲和力，豪爽的人活得坦坦荡荡，豪爽的人能以乐观的态度面对生活中的挫折、压力和困境。

豪爽型性格的人直来直去，无所顾忌，他们经常为自己的朋友两肋插刀。这种性格的人做事干脆利落，绝不拖泥带水，也不讲求个人私利。

古话说："豪爽者皆成大事之英雄。"豪爽的确是一种令自己、令他人都如沐春风的性格。把自己培养成一个具有爽快性格的人，会让你整个人都具备一种穿透力，具备令人信服的气质，在与人交往中也会如鱼得水。

豁达爽快的性格，就是胸襟博大，宽容大度，体贴谅解，包容谦让，善待他人。性格豪爽的人，心灵上没有阴影，面对困境仍然能够保持心态上的乐观，这种人智商很高，情商也相当优秀。他们知识渊博，心胸宽广，能以坦然的心态来承担生活的压力。他们认为人生是一种体验，总是保持豁达的态度，通过改变自己的生存状况，来维护心灵的最佳境界。

宋代大词人苏东坡以豪放豁达而名垂千古。他性格开朗，刚直不阿。由于无法从流于政治的僵化，他多次被朝廷流放。流放的生活是极其艰辛的，但生性豪爽的苏东坡以其豁达宽容的态度面对发生的一切。他甚至亲自动手，自耕自种，过着苦中作乐的生活。这样大气的性格心态令他的诗词豪放不羁，掷地有声，为后人所代代传诵。

宋绍圣四年（1097年），苏东坡被贬琼州，就是现在的海南岛，当时还是一片荒蛮之地，然而他仍然能够泰然处之。他在诗中写道："日啖荔枝三百颗，不辞长作岭南人。"同样，在他被贬杭州的时候，他依然乐天从命，写下"我本无家更安住，故乡无此好河山"这样乐观坦荡的诗句。

豁达豪爽单从字面而言并不难理解，可要真正做到这一点并非易事。人人都要置身于现实生活的大千世界，随时随地都要经受着个人利益与他人利益、个人利益与集体利益等相互碰撞的考验，如何诠释？如何排遣和化解诸如此类的矛盾？特别是在社会竞争压力与日俱增的情况下，生存空间和生存环境越来越复杂多变，人们对物质生活水平的要求也越来越高，如你不能以一种豁达乐观的心态来面对无处不在的激烈竞争，去面对生活中来自各个方面的压力和挑战，那么随时都有可能被乌云密布的氛围笼罩。

豪爽者会大事化小，小事化了，取而代之的则是嫣然一笑。豁达豪爽能使人拥有一颗知足常乐的心态；豁达豪爽能使人变得更加从容；豁达豪爽能使人坚强乐观起来；豁达豪爽能使人笑看成败，笑看人生，坦然面对生活；豁达豪爽的性格是幸福快乐的源泉。

但豪爽也必须有度。要做到豪爽有度，必须遵循以下几点：

第一，清楚豪爽性格的优势和劣势。没有哪一种性格是十全十美的，豪爽性格也一样。它的优势是，豪放开朗，直来直去，一切率性而来，坚持到底；它的劣势是，独断专行，说话无所顾忌、霸气。

第二，向善于控制自己情绪的自制型性格的人学习。

第三，给自己的豪爽系根"绳子"，不要让它滑向狂妄的边缘。

第四，不要一味地脱离现实而追求超凡脱俗。

培养刚毅型性格

刚毅的性格可以说是成功者必备的一种性格，刚毅型性格的人可能给人一种强者的感觉，而且在为人处世的过程中给人一种强者风范、果敢坚定的印象，刚毅的性格能让人面对困难而不退缩，面对成功而保持冷静。因此，培养刚毅的性格是尤为重要的。

刚毅是一种力量美和沧桑美，刚毅是不屈不挠的精神和自信性格的完美结合的体现。刚毅的性格也往往是造就强者的性格。

刚毅性格是刚与毅的结合，它具有钢铁般的坚硬，又具有坚强持久的意志力。这类性格的内涵是勇猛而顽强，果断而自信，直而不肆，光而不耀，而且不屈不挠，执着而坚定，有种不达目的不罢休的霸气。

刚毅性格与坚韧性格一样具备了阴与阳两大元素，坚韧性格偏重于韧而柔，因而阴的成分较重；而刚毅性格偏重于刚而硬，因而阳的成分较重。尽管它们有重阴重阳之分，但在本质上是相同的，就像是水，坚韧性格是滴水穿石，它的特点在于锲而不舍，千年如一日；刚毅性格则是滚滚长江，无坚不摧，势不可当。

鲁迅说过：伟大的胸怀，应该表现出这样的气概——用笑脸来迎接悲惨的命运，用百倍的勇气来应对自己的不幸。只有这样，才能铸就刚性人生，练就强者风范。

左宗棠是清末著名的大臣，他曾主持洋务运动，出兵新疆，收复伊犁。他为人处世秉性刚毅。左宗棠曾在曾国藩手下做幕僚，但常常与曾国藩意见不合。曾国藩曾出一上联讽喻左宗棠说："季子何言高，与我意见大相左。"因左宗棠字季高，故联语中嵌其字以示嘲笑。左宗棠也毫不示弱，立即回敬一联："藩臣堪误国，问他经济又何曾？"联中也嵌入了曾国藩的名字，并贬低了曾国藩的才能。当时，左宗棠官小位卑，敢如此言语，可见其性格刚毅不屈。

左宗棠这种天性刚毅不屈的性格，即使是在面对洋人时也表现得淋漓尽致。一次朝会，美国公使威妥玛高居上座，左宗棠一见便怒火中烧，毫不留情地指责道："这是王爷的座位，我都得坐在下面，你凭什么坐在那里？"这使傲气凌人的威妥玛羞怒交加，但面对一身刚毅的左宗棠也只能作罢。

因此，一个内心刚毅的人是不会轻言放弃的，而且他们面临困难和挑战时永远只有勇往直前，他们天不怕地不怕的架势也正是他们刚毅性格的最佳写照。一般而言，刚毅的性格多见于男性，它能体现出男性阳刚的一面，将男儿之气展现得淋漓尽致。当然，刚毅的男儿也确实是在历史长河中绝对不可小觑的。

然而，刚毅型性格也体现在女性身上，这便让女性除了阴柔外透出阳性和刚强的另一面。英国的前首相撒切尔夫人就是一个例子。这位"铁娘子"是英国历史上唯一的女性首相，她性格果断刚毅、毫不妥协，工作起来不知疲倦。她的坚强、刚毅和超强的自制力在她政坛的最后一刻得到了很好的体现。在竞选失利的情况下，她仍然不失"铁娘子"的风范，尽力维护自己的尊严，不让自己在众人面前流泪，用超强的自我控制力完成了最后的演讲。面对失败的局面，她和其他人一样觉得沮丧、痛苦，但是她在得失面前仍然能够保持自己政治家的形象，不能不说是她刚毅的性格在起着关键的作用。

那么普通人如何让自己成为一个具有刚毅性格的人呢？任何性格都是可以塑造和改变的，只要坚持不懈地对某种性格进行培养，就一定能造就这种成功的性格。

第一，磨砺自己的意志。没有坚强的意志，就不可能持之以恒。

第二，让自己远离柔弱。柔弱会使我们被困境困扰，柔弱也是坚韧最大的敌人。

第三，困难来临时不要怕，一定要挺得住。要相信所有的困难都是纸老虎，并且勇敢地站出来战胜困难，一旦把困难克服，将更加刚毅。

第四，生活要有规律，不因为环境而轻易改变。

第五，总是给自己的下一站订立好目标，并作出一些详尽的计划，每天严格执行。

第六，在困难面前保持冷静，理性地分析问题并给出好的解决方案。

第七，遇事不要虚张声势，要学会隐忍。

第八，学会沉默，在沉默的同时要进行理性的思考，不要轻易流泪，再大的痛苦也要埋在心底。

第九，多参加一些如长跑等锻炼耐力与恒心的体育活动。

第十，多激励自己不断地进行自我超越，每天都进步一点点。

培养行动型性格

杰克·韦尔奇给年轻人的忠告：如果你有一个梦想，或者决定做一件事，那么，就立刻行动起来。如果你只想不做，是不会有所收获的。要知道，100 次心动不如 1 次行动。

在生活中至少存在两种类型的人：一是天天沉浸于幻想中，看不到一点行动的痕迹；二是善于把想法落实到计划中，成为一个敢于行动的人。你是哪一类人？凭你自己的经历，你已经找到了答案。

但是，这个看似人人皆知的问题，在许多人身上没有引起足够的重视，因为他们常常把失败的原因归罪于外部因素，而不是从自身找到失败的病根子。其中很重要的一条是：这些人常常是一名幻想大师，面对那些看不见、摸不着的东西时时心动不已，总以为光凭自己的意愿就能实现人生理想，就能过自己想过的日子，就能成为一个被人羡慕的人。抛开这些特定的人不讲，实际上在我们身边，那些天天抱头空想自己未来的人，之所以没有人生的进展，就在于他们都是"心动专家"，而不是"行动大师"。

有人说，心想事成。这句话本身没有错，但是很多人只把想法停留在空想的世界中，而不落实到具体的行动中，因此常常是竹篮打水一场空。当然，也有一些人是想得多干得少，这种人只比那些纯粹的"心动专家"要强一些，要好一些。因为行动是一个敢于改变自我、拯救自我的标志，是一个人能力有多大的证明。光心想、光会说，都是虚的，不能看到一点实际的东西。美国著名成功学大师马克·杰弗逊说："一次行动足以显示一个人的弱点和优点是什么，能够及时提醒此人找到人生的突破口。"毫无疑问，那些成大事者都是勤于行动和巧妙行动的大师。在人生的道路上，我们需要的是用行动来证明和兑现曾经心动过的金点子。

立刻行动起来，不要有任何的耽搁。要知道世界上所有的计划都不能帮助你成功，要想实现理想，就得赶快行动起来。成功者的路有千条万条，行动却是每一个成功者的必经之路，也是一条捷径。因为幸运永远也不会降临到心动而不行动的人身上。只有行动，才能成功。

有两个人找到上帝，请教怎样才能成为天使，上帝派他们到一座大山上去考察，约定10年后再相见。

他们一起攀上了山顶，发现整座山竟没有一棵树、一株草，他们内心十分不满意。一个人发了牢骚后就愤然离去；另一个人则是去别的山上采摘了各种各样的种子，把它们播到了荒山上。

10年后，上帝接见了这两个人，询问他们有关那座荒山的情况。"真想不到，世界上还有如此荒凉的大山，一棵树、一株草也没有。"第一个人抱怨说。

"10年前，那里的确是一座荒山。不过，今天，它已是一座青山。"另一个人说。

"怎么会呢？荒山只能永远是荒山啊！"

"那只是暂时的荒山，只有我们用行动改造它，播上树种，它就会长满树；播上草种，它就会长满草。"

上帝欣慰地点点头，对第二个人说："你已经成为天使了。"

这就是行动的力量。只要行动起来，每个人都可以成为天使。

行动要以目标为指针，踏踏实实、一步一个脚印地创造价值。行动是一个坚实的奋斗过程，需要我们扎扎实实地履行生命过程中的责任。成功始于行动，世界是行动的唯一果实。

当一个青年问被誉为"推销之神"的日本人原一平如何做好推销时，他神秘地说："答案就在这里。"言毕，他脱下袜子，说："你来摸一摸就知道了。"青年果然去摸了摸，然后惊讶地说："这么厚的老茧啊！"

原一平严肃地说："没有什么秘密，只有坚持不懈地行动。"

当我们羡慕别人的成功时，我们有没有问问自己是否已经开始行动？如果没有，那让自己马上开始吧！

（1）行动从落实任务开始。给自己落实任务是学会行动的最深学问。一个人既要学会给别人落实任务，也要学会给自己落实任务。有了任务，行动才会有方向。

（2）为行动编制提纲，一步一步地去实现目标，各个击破。杂乱无章，往往令人无从下手，久而久之，既降低工作的效率，又失去了信心和意志，这时，编制提纲就显得尤为重要。

（3）看事物要深入到本质中去。

（4）贵在执行，勇于执行。执行，是实现目标的过程；执行，才可以体验到成功的喜悦。

（5）用乐观的态度善待麻烦。生活中麻烦的事情很多，愁眉苦脸也解决不了，那为何不让自己乐观地去面对呢？

（6）选择通往成功最佳的道路。通往成功的路有无数条，最重要的是选择适合自己的最佳的道路。

（7）对待重大问题要有举重若轻的态度，对待日常小事要有举轻若重的态度。

（8）细节可以影响全局，所以千万不要忽视细节。只有雕琢细节，才能使璞玉圆润光洁。行动也一样，细小的差错也会影响个人整体的良性发展。

（9）今日事，今日毕，绝不要抱有"明日复明日"的想法。

（10）贵在坚持，有始有终。失败的原因很多，但成功的原因只有一个：贵在坚持，有始有终。所谓"破釜沉舟，百二秦关终属楚；卧薪尝胆，三千越甲可吞吴"。

培养社交型性格

波斯文学家萨迪曾说："蚊子一起冲锋，大象也会被征服。"卡耐基也曾指出：一个人事业的成功，只有15%是由于他的专业技术，另外的85%要靠人际关系和处世技巧。他还指出，只有想办法去认识更多的人，并使这些人都成为自己的朋友，才是人生成功的关键。所以，想要成功，就必须精心编织一张属于自己的人际关系网。

拓展人际关系，应从培养社交型性格着手。拓宽自己的社交圈子，不仅可以了解别人，认识社会，也可以捕捉到更多的信息，增强自己的竞争力；同时，可以让别人了解自己，然后通过别人的反应来更好地认识自己。

社交是一种艺术，也是一门学问，社交是人生的需要，绝不能视为可有可无。一个不会社交的人，在这样一个年代必将寸步难行。

因此，培养社交型性格对于我们而言是尤为重要的，而培养社交型性格的第一步便是乐于助人，累积人情，建立关系网。

钱锺书先生一生日子过得比较平和，但在困居上海孤岛写《围城》的时候，也窘迫过一阵。辞退保姆后，由夫人杨绛操持家务，所谓"卷袖围裙为口忙"。那时他的学术文稿没人买，于是他写小说的动机里多少掺进了挣钱养家的成分。但一天500字的精工细作，绝对不是商业性的写作速度。恰巧这时黄佐临导演上演了杨绛的四幕喜剧《称心如意》和五幕喜剧《弄假成真》，并及时支付了酬金，才使钱家渡过了难关。时隔多年，黄佐临导演之女黄蜀芹之所以独得钱锺书亲允，开拍电视连续剧《围城》，实是她怀揣老爸一封亲笔信的缘故。钱锺书是个别人为他做了事他一辈子都记着的人，黄佐临40多年前的义助，钱锺书多年后回报。

人际关系网一旦建立，就需要用耐心去对人际关系进行认真的经营。因为若只是建立了人际关系网而不进行经营，那么，人际关系网也迟早会出问题。

而建立和维护关系网都需要有耐心，如果用到人时终日笑脸相迎；用不到人时则相逢若不相识，这样的人太急功近利，一点儿对生命的真爱都没有，他自然很难有什么好人缘。人和人的交往更多的在于心的交流，这是一个长期的过程，所以建立和维护人际关系是极需耐心的。

某位企业董事长的交际手腕高人一筹。他长期承包那些大电器公司的工程，对这些公司的重要人物常施与小恩小惠，但这位董事长的交际方式与人不同的是不仅结交公司要人，对年轻职员也殷勤款待。

当自己结交上的某位年轻职员晋升为科长时，他会立即跑去庆祝，赠送礼物。年轻科长自然十分感动，无形中产生了感恩图报的意识。这样，当有朝一日这位职员晋升为处长、经理等要职时，仍记着这位董事长的恩惠。因此在生意竞争十分激烈的时期，许多承包商倒闭的倒闭，破产的破产，而这位董事长的公司仍旧生意兴隆。其原因之一就是他平常在人际关系中感情投资多。

当然，我们在人际交往中有一点也是至关重要的，那便是交往互助、办事顺利。

交际中的互助原理是：你在关键时刻帮人一把，别人也会在重要时刻助你一臂。初看起来似乎是等价交换，其实，不管你是一个什么样的人，都不可能像鲁滨孙那样独自一人闯天下，尤其是要想打开自己的人生局面，更离不开与各种各样的人打交道。要想让别人将来帮助你，你就必须先付出精力去关心别人、感动别人，这样才能赢得别人回报的资本。因此，培养练达的性格，必须信守"相互帮衬"之道。

而在这样一个人际关系占据重要位置的时代，培养社交型性格的准则是什么呢？

（1）克服过分的自尊心理。过分自尊的人，其实是怕别人发现自己的缺点，在心理上形成了一种自我保护。当他一旦被别人发现缺点，就变得非常失望，自卑甚至自我封闭。因此，过分自尊是我们开展社交必须逾越的一堵墙。

（2）克服自卑的心理。培养社交型性格必须战胜自卑，因为自卑的人喜欢把自己保护起来，不愿意与人交往。

（3）克服腼腆胆怯的心理。培养社交型性格就意味着与各种各样的人打交道，所以腼腆胆怯的心理是不可取的。

（4）要有一颗宽容的心。人最高贵的品质是宽容。不要紧盯别人的缺点，斤斤计较，"人非圣贤，孰能无过"，宽容别人，也就是宽容自己。

（5）要有"三人行，必有我师"的意识。有了这种意识，才能发现别人的长处，才能让自己有一种虚怀若谷的心境。

（6）要真诚地赞美别人。赞美别人，才能得到别人的赞美，才能发现相互的优缺点。

（7）要有互惠双赢的理念。"欲得之，先予之"，付出才有收获。

培养沉静型性格

沉静的性格总是给人一种心平气和、宁静安静的感觉，尤其是当困难或者灾难来临的时候，沉静性格的人往往表现得理性而异常冷静，而也正是这样性格的人往往能在繁华的背后进行理性而冷静的思索，在宠辱面前获得内心的安宁。

沉静是理性的沉淀，生活需要沉静。沉静能让我们远离厄运，远离诱惑，沉静能让我们拥有智慧。考场上，沉静是一把锁；赛场上，沉静是一面旗；碰到困难时，沉静是希望的曙光。可以说，沉静是人生的一种精髓，得到它，我们的人生就能少有挫折，多有收获。

沉静性格的人一般都具有遇事镇定、处事冷静、做事审慎、办事认真的特点，而且是最能给人以信任感和稳重感的性格，一般找他们办事会让你觉得靠得住，也放心。

但任何事物都得有个度，性格也不例外。一旦没有把握到沉静，就很有可能发展或转变成默默无闻，甚至会是死气沉沉，而这也正是我们要努力避免的。

因此，在培养沉静型性格的同时把握好这个度的问题将有利于我们更好地培养出沉静的性格。一颗沉静的心、一个沉静的性格不仅让你在人际交往的关系网中游刃有余，更是能让你在生活、事业的波涛中稳坐钓鱼台。而且，沉静更是一个人成熟的一种体现，岁月和经历卸去了外表的浮躁，在风风雨雨中，沉静让一个人以站立的姿态巍然屹立！

培养温顺型性格

温顺并非是柔弱，更不是懦弱，或者无条件、无原则地屈服。真正的温顺实际上是一种智慧，一种品德，一种以柔克刚的无穷的力量。

温顺，应该是属于女人的。上帝在创造女人的时候用了柔软的泥土，因此女人天生就具有温顺的一面。温顺是女人特有的性格，温顺是女人最美的性格，温顺让女人更有魅力。温顺是一种智慧，温顺是一种个性，温顺是一种修养，温顺是一种表现，温顺也可以征服一切。

在古代希腊神话里，智慧女神雅典娜给人的一种高级智慧便是温顺。埃及艳后克丽奥佩特拉不但让罗马帝国的国王拜倒在石榴裙下，心甘情愿为其效命，还用温柔的爱情保全了一个王朝。她究竟是凭什么俘虏了那个时代两位权势最强的男人呢？是因为美丽吗？但考古学家发现，美丽的埃及艳后原来是个身高只有1.5米、身材明显偏胖、衣着寒酸、脖子上赘肉明显、牙齿也坏到要找牙医的地步的丑女人。经过考证，答案终于找到了，她是凭借着自己的温顺俘虏了那两个男人的心。因为古罗马的女人都很强壮而美丽，这样往往能激起男人的征服欲望，而很难长期留住男人的心，但埃及艳后不一样，她用自己的温顺降服了一个又一个不羁的男人，正是她的温顺让男人久久不愿离开她的怀抱，他们能从她那里得到一种安全感。

当然，温顺并不等于依赖，温顺的人有自己的主见，有自己的想法，但他们会更多地去考虑别人的想法，当双方想法不一样时，不是直接，而是间接、委婉地表达自己的想法。温顺也不等于软弱，温顺的人在遇到困难或遭到反对时，他们不会退缩，反而会一改常态地坚强地予以反击，甚至在某种情况下，温顺的人会是勇敢的人最坚强的后盾。

因此，我们说真正的温顺其实是一种难得的智慧，一个温顺的人是懂得如何运用他温顺的性格来在现实生活中不断地完善自我的。而且温顺的人往往能在最短的时间内博得他人的好感，给人一种信任、亲切的感觉。温顺的人是平易近人的，他们一般都拥有较为良好的人际关系，而这又与他们的温顺是分不开的。

温顺的性格的确很玄妙，但不是遥不可及的，聪明的女人可以运用各种方式来打磨自己温顺的性格，以下为您提供几种实用的方法。

（1）提升内在的气质。气质是女人骨子里的精华美，它是女人拥有温顺性格的坚实基础。读书和学习则是提升内在的最佳也是最直接的方法。

（2）以情动人。温顺型性格的人必备的条件之一就是感情丰富。因为有情，她们的内心世界丰富；因为有情，她们的生活多姿多彩。

（3）心存善良。善良是温顺必备的内在条件。只有拥有善良的人，才能拥有温顺的美。

（4）善用温柔的话语。巧妙利用温柔来加强声音的效果，是表现温顺的秘诀。温柔的话语常常能融化别人内心的坚冰，打破人际交往的隔阂，搭起人与人之间沟通的桥梁。

（5）提高修养。我们应该通过修炼学识、修炼人格、修炼思想来提高自身的修养，进而拥有温顺型的性格。

（6）用微笑增添妩媚。微笑，可以让你不用一言一语就能征服别人。所以，培养温顺型性格首先要学会微笑。

（7）善用眼泪。眼泪是温顺型性格的人最便捷的武器，但善用不等于滥用，把握时机，适可而止，才能发挥眼泪最大的威力。

（8）懂得依附。太强太独立的性格，不但会失去温顺的本色，而且会让别人感觉不出自己的重要性。所以，要想培养温顺型性格，就不要显示出自己太强的独立性，要懂得适时地依附别人。

（9）委婉地表达自己的观点。将自己的观点或不同意见用一种人人都能接受的委婉的方式表达出来，不仅是一种智慧，更能收到良好的效果。